인간은 항상 시간이 모자란다고 불평을 하면서
마치 시간이 무한정 있는 것처럼 행동한다.

세네카

시간을 지배할 줄 아는 사람은 인생을 지배할 줄 아는 사람이다.

에센 바흐

꼰대 씨의 은퇴 이후
인생 리셋

꼰대 씨의 은퇴 이후
인생 리셋

펴낸날 2020년 10월 16일 1판 1쇄

지은이 정창호
펴낸이 강유균
기획 · 홍보 김아름
교정 · 교열 이교숙, 양다은
경영지원 이안순
디자인 정혜욱
마케팅 신용천

펴낸곳 리드리드출판(주)
출판등록 1978년 5월 15일(제 13-19호)
주소 경기도 고양시 일산서구 고양대로632번길 60, 207호(일산동, 대우이안)
전화 (02)719-1424
팩스 (02)719-1404
이메일 gangibook@naver.com
홈페이지 www.readlead.kr
포스트 https://post.naver.com/gangibook

ISBN 978-89-7277-342-9 (03320)

* 잘못된 책은 바꾸어 드립니다.
* 책값은 뒤표지에 있습니다.

이 도서의 국립중앙도서관 출판예정도서목록(CIP)은 서지정보유통지원시스템 홈페이지(http://seoji.nl.go.kr)와
국가자료공동목록시스템(http://www.nl.go.kr/kolisnet)에서
이용하실 수 있습니다.(CIP제어번호 : CIP2020039471)

인생 1막 2장, 지금부터 준비하고 시작하라

꼰대 씨의 은퇴 이후 인생 리셋

정창호 지음

리드리드출판

프롤로그

인생 1막 2장, 당신은 어떻게 살 것인가?

오직 가족과 국가의 발전을 위해서 앞만 보고 열심히 달려온 베이비붐 세대의 퇴임이 본격적으로 진행되고 있다. 그러나 대부분은 노후에 대해 준비를 할 겨를도 없이 퇴임이라는 절벽에 매달리게 된다. 가진 것도 없고 국가의 지원을 받을 수도 없는 어정쩡한 상태에 끼여서 위태로운 하루하루를 보내는 신세가 되는 것이다.

필자는 베이비붐 세대의 한가운데에 속해 있는 사람으로 퇴직 후의 갑갑한 현실을 숨김없이 같이 공유하고 싶었다. 그리고 필자와 같은 처지에 놓인 세대들과 함께 스트레스를 나누고 해소하는 데 조금이나마 도움이 되고자 이 책을 쓰게 되었다.

비록 지금은 명퇴 후 집주변을 맴도는 신세가 되었지만, 그래도 수십 년 동안 오직 앞만 바라보고 살아왔다. 오직 자신의 가족을 먹여

살리기 위해서 모든 젊음을 다 바쳐 열심히 일해온 세대들이다. 새롭게 인생 1막 2장을 시작하는 그들에게 축배를 권하고 싶다.

우리 세대는 누가 뭐라 해도 대한민국을 벌떡 일어나게 만든 장본인이라는 자부심을 가지고 있다. 그동안 다람쥐 쳇바퀴 돌듯이 일터와 집을 오가는 생활로 수십 년, 달 보고 출근해서 달 보면서 퇴근을 했다. 그런데 모처럼 대낮에 밝은 햇빛을 보면서 공원을 걷게 되니, 이게 생시인지 꿈인지, 내 발바닥이 땅에 닿아 있는 것인지, 정말 이래도 되는지 도무지 현실이 아닌 듯하다.

어디 그뿐인가? 있는 돈 없는 돈 다 긁어모아서 오직 자식 공부를 위해 모든 투자를 하다 보니, 지금 남은 것이라곤 달랑 아파트 한 채가 전부이다. 그렇다고 누구한테 사기 치는 기술을 배운 적도 없고,

펀드란 것도 배운 적이 없다. 은행 저축 말고는 재테크에 대해서도 아는 것이 없다. 그래서 돈 많은 부자 아빠는 결국 못 되었으니 능력이 부족한 것은 맞나 보다.

베이비붐 세대인 우리는 당연히 군대를 다녀와야 대한민국의 사나이로서 자격이 있었다. 그리고 중동의 작열하는 태양 빛 아래에서 한두 번쯤 막노동하는 것으로 해외여행을 대신했다. 전자제품이라고는 스테레오 카세트 하나만 가져도 온 세상을 가진 듯했다. 불타는 금요일은커녕 토요일도 특근으로 돈을 더 받을 수가 있어서 행복했던 그 시절을 지내고 나니 어느새 꼰대가 되어버렸다. 그런데 어쩌겠는가? 현실을 받아들이는 수밖에. 그래도 인생은 60부터라는 말에 희망을 걸고 또다시 힘찬 발걸음을 내디뎌야 하지 않겠는가?

모쪼록 부족한 이 글이 누군가에게는 용기와 희망을, 또 다른 어떤 이에게는 슬기로운 여가생활을 보내는 길잡이가 되었으면 한다. 이 글을 읽고 단 한 사람이라도 자신과 같은 처지에 놓인 사람이 의외로 많다는 사실에 위로를 얻고 함께 공감할 수 있다면 더 바랄 것이 없겠다.

끝으로 정말 열심히 살아왔으나 퇴직 후 갈 길을 잃어버린 수많은 베이비붐 세대들에게 이 책을 바친다.

정창호

차 례

제2장 소중한 것들을 챙기며 살기

제3장 슬기로운 인생 후반전 살기

제4장 공평한 인생과 소소한 일상

그대의 하루하루를 그대의 마지막 날이라고 생각하라.

호라티우스

제1장

퇴직한
꼰대 씨의 푸념

30년 근무에 퇴직 절차는 고작 30분

내가 40살 즈음에 어머니께서 늘 입버릇처럼 하신 말씀이 생각난다.

"직장생활은 70살까지만 하고 그만두어라."

당시에는 어머니의 말씀이 직장생활을 너무 오래 하지 말라는 말씀인지, 아니면 열심히 해서 오래 하라는 뜻인지 아리송했다. 그러나 적어도 70까지는 일을 해야 한다는 생각을 가지고 계시구나라고 새겨들었다.

나는 지난 30여 년 동안 한 회사에만 몸을 담았다. 그 기간 동안 회사의 발전과 동고동락하며 힘들고 기쁜 일도 부지기수로 많았다.

알토란 같은 자식도 대학에 보냈고 우리 가족이 행복하게 살 수 있었다. 지금도 부족한 나를 30여 년간이나 품어준 회사에 대해서 감사의 마음을 가지고 있다.

그런데 나의 30년 근무지에서의 퇴직 모습은 너무나 초라하기 그지없었다. 죄인이 되어 유배당하는 모습에 지나지 않았나 싶다. 공무원이나 교수 등 직업이 다른 형태의 퇴직 분위기는 어떠한지 잘 모르겠다. 사기업에서의 퇴직 경험은 쓸쓸함 그 자체였다. 하긴 부회장으로 근무했던 분의 퇴직 절차를 들어봐도 나와 비교해 별반 다르지 않았다.

"잠시 봅시다!"

아침에 출근하자마자 호출을 받고 사장실로 가니 사장님이 내 손을 지긋이 잡았다.

"그동안 수고하셨습니다. 섭섭하겠지만 마음 잘 추스르고 기회가 되면 다시 봅시다!"

그러고는 책상으로 돌아와서 소지품 정리하는데 십여 분 남짓 걸렸을까? 그만두기 전에 웬만한 소지품 정리는 다 끝낸 상태였다. 사무용품 몇 개를 쇼핑백에 담으니 정리할 것도 없었다. 마지막으로 사무실 직원들과 간단히 인사를 나누었다.

"그동안 고마웠습니다. 모두 건강하고 잘살기를 바랍니다."

그것으로 끝이었다. 30년 근무에 퇴직 행사는 고작 30분이었다. 회사 밖으로 나오는데 그 마음을 또 어떻게 표현해야 할까? 분명 시원섭섭함과는 또 다른 그 무엇이 나의 마음을 묵직하게 만들었다. 누구를 만나고 싶은 마음이 전혀 들지 않았다. 다만 혼자서 거리를 헤매며 지난 시절을 담담하게 정리하는 것으로 시간을 보냈다. 물론 나와 다른 사람도 있겠지만, 아마도 대부분의 퇴직 절차가 크게 다르지 않을 것 같다는 생각이 든다.

아직도 나는 이 부분이 이해가 가지 않는다. 집에서 기르던 반려동물도 오랜 세월을 함께 보내고 나면 정이 들어 이별 과정이 쉽지 않다. 하물며 30여 년 넘게 몸담았던 직장인데 뭔가 큰 잘못을 저지른 사람처럼 쫓기듯 나온다는 것이 너무 속이 상했다. 이러한 절차는 그동안 회사에 대한 감사의 이미지를 절반 이상은 깎아 먹는 것 같다. 아니 회사에 대한 좋은 이미지보다 나쁜 이미지가 생겨버린 듯도 하다. 나이가 들어서 용도폐기 되는 것이야 이해를 하지만 일회용 컵처럼 먹고 나서 획 던져지는 것 같아 마음이 시렸다.

회사의 인사 정책이 늘 인재를 소중히 여기는 것으로 기억된다. 그것의 의미는 쓸 만한 인재를 소중히 여기자는 것이지, 폐물이 되어버린 자에 대해서는 쓰레기 수준으로 취급해도 괜찮다는 뜻이었던가 하는 생각에 씁쓸해왔다.

그날의 기억은 제2의 인생을 멋지게 도전해보고자 하는 가슴속에 찬물을 끼얹으며 멍울이 되어 남아 있다.

집으로 돌아와 아내에게 고해성사하듯 입 밖으로 나오지 않는 퇴직 이야기를 들려주었다. 아내는 그동안 너무 고생 많았으니 이제부터는 마음 편히 쉬라고 진심으로 나를 위로해주었다. 그래도 역시 나를 생각해 주는 사람은 아내밖에 없다는 생각에 마음 한편이 찡해왔다.

이제 마,
그만하란다

한평생 앞만 보며 열심히 살다 보니 주변 세상이 어떻게 돌아가는지 잘 모르겠다. 사실 누구보다 세상 한가운데 깊숙이 몸담고 사회생활을 했는데 어느새 나도 모르게 왕따 신세가 된 것 같다.

이제 겨우 자식들 공부시키고 어렵사리 출가시키며 잠시 숨을 고르는데 주변에서는 너무 오래 해 먹었으니 이제 좀 그만하라는 소리가 빗발치니 참으로 황당할 뿐이다.

내가 뭐 그렇게 해 먹은 것이 많고 무슨 부귀영화를 누리고 살았는지도 모르겠다. 솔직히 뭐든 해 먹은 게 있어야 내려놓고 물러나든지 할 것이 아닌가? 돌아보면 내가 가진 것이 아무것도 없는데 도대체 뭘 내려놓고 물러나라는 건지 이해가 가지 않는다.

대한민국의 경제를 이끌어 오기 위해 불철주야 열심히 뛰었을 뿐인데, 해 먹은 게 많으니 인제 그만 물러나라면 할 말이 없다. 다만 지난날을 뒤돌아보면 한시도 평온하게 인생을 살아온 적이 없는 것 같아 조금 억울하기는 하다.

불현듯 내 어린 시절이 생각났다. 초등학교 때는 고사리손으로 학교 울타리에 사용될 향나무를 직접 키우거나 학교 교정을 꾸미는 일을 했다. 수시로 막일에 동원되어도 불평 한 마디 한 적이 없었다. 그런 일은 당연한 것으로 알고 있었다. 가끔 도로정비를 한다고 삽과 괭이를 들고 도로 평탄 작업에 동원되기도 했었다. 또 도로 주변의 미화를 위해서 코스모스를 끝없이 심기도 했고 난로 땔감으로 쓰기 위해 산에서 장작을 해오기도 했다.

난로 위에 도시락을 올려 데워 먹던 기억도 난다. 도시락의 위치가 난로 바로 위에 있으면 밥이 타서 먹을 수 없었다. 또 너무 위에 있으면 데워지지 않아서 쉬는 시간에 주번이 도시락을 위아래로 바꾸었다. 지금 생각해보면 그 장면도 추억이라고 그립지만, 사실은 군대생활보다 더 혹독한 세월을 견뎌냈던 시절이 아닌가 싶다.

중학교 시절에는 요즈음 평화시장에나 가야 볼 수 있는 짐 나르는 커다란 자전거를 타고 학교에 다녔다. 자전거는 너무 크고 잘 구르지도 않아서 십여 리 길을 통학하고 집에 돌아오면 두 다리가 뻐근했다. 새 교복을 맞춰서 입지 못하고 늘 형제들 옷을 물려 입었다. 그 때문에 교복이 내 몸에 잘 맞지 않아 불만이었던 기억도 있다.

어디 그뿐인가? 학비를 보태기 위해서 신문 배달을 매일 300~400부씩 돌리고 나면 땀이 흥건히 젖어서 옷에 소금기가 허옇게 버적거렸다. 방학에는 새벽에 논에 나가 모내기를 해서 번 돈으로 다음 학기 학비를 보탰다. 허리가 아플 때는 막걸리가 최고라는 경험을 일찌감치 몸으로 체험한 것도 그즈음이었다. 한번은 톨게이트에서 차량 이동량 조사 아르바이트를 하다가 별안간 차가 들이닥쳐서 죽을 뻔했던 기억도 난다.

이렇게 내 기억에는 온통 죽도록 고생했던 기억이 생생한데 뭘 그리 오랜 기간 해 먹었으니 이제 그만하라는 것인지 참으로 어이가 없고 야속할 뿐이다.

내가 호사를 누렸던 것이라면 노래방에서 소주를 마신 후 목이 터지라고 신세 한탄하면서 노래를 불렀던 기억이 전부인 것 같다. 노는 것을 몰라서가 아니라 놀고 싶어도 놀 시간과 돈이 없었다.

남들 다 가는 해외여행은 꿈조차 꿀 수 없었다. 해외여행이라고 해봐야 돈 벌기 위해 중동의 건설 현장에 가는 게 전부였다. 숨 막히는 더위와 싸우며 사막에서 피땀을 흘리며 한 푼 두 푼 모아 고국으로 송금을 했다. 그것이 지금 대한민국 경제발전의 밑거름인 것을 아는 사람이 과연 몇이나 될까?

등산을 알게 된 것도 생각해보면 우습다. 내가 고등학교에 다닐 때만 해도 학비를 납부하지 못하면 집에 가서 가져오라고 돌려보내는 게 다반사였다. 그런데 집으로 돌아가봐야 없는 학비가 나올 리가 없었다. 괜히 부모님 속상할 것이라는 생각에 가까운 산에 올라 소리를 지르다가 다시 학교로 돌아오곤 했다. 그것이 산을 좋아하게 된 계기가 아닌가 싶다.

그래, 물러나라면 물러나야겠지만 이 섭섭한 마음을 어디 가서 하소연해야 할까? 나는 비록 곤궁하게 살았지만, 평생 세금 한 번 떼어먹은 적 없다. 또 남의 빚을 갚지 못해서 나랏돈으로 갚아달라고 해본 적도 없다. 그런데도 그만하라면 그만해야지 어쩌겠는가?

꼰대 씨, 그동안 고생 많으셨습니다!

꼰대 씨,
자신을 알라!

"너 자신을 알라!"

철학자 소크라테스가 남긴 유명한 명언이다. 하지만 이 말만큼 심오한 뜻을 함축한 말도 없다는 생각이 든다.

나도 나 자신을 알기 위해서 끊임없이 반성하고 깨우치기 위해서 적지 않은 노력을 한다. 그런데 지금도 잘못된 부분을 과감하게 인정하는 태도와는 거리가 먼 사람이라는 생각이 든다. 아마도 죽을 때까지도 나는 자신의 부족함에 대해서는 인정하지 않다가 염라대왕이 강제로 구인을 해야 조금이나마 인정할지 모르겠다.

군대를 제대하고 다시 사회생활을 시작하게 되면 자기도 모르게 군대의 습관이 몸에 배어 있다는 이야기를 듣는다. 그러나 정작 자신은 그것이 무엇을 지적하고 있는지 잘 이해하지 못한다. 때문에 지속적으로 자기 위주의 습관적인 생각에 따라 행동을 한다. 또 주변의 조직이나 가족까지도 자기의 습관에 길들여지게 하기 위하여 억지를 부리는 경우도 적지 않다.

학교 다닐 때는 자기의 잘잘못에 대하여 지적을 받기도 하고 올바른 삶을 위한 개선의 기회가 주어진다. 그러나 일단 성인이 되면 어지간해서는 주변의 누구도 스스로의 행동에 대해서 시비를 거는 사람이 거의 없다. 아니 있다 해도 받아들이지 않으니 섣불리 나에 대해서 설득을 하고 올바른 길로 인도해준다는 것이 거의 불가능하다.

다행히 독서나 신앙생활 등을 통해 조금씩 변화되기 시작한다. 솔직히 자신의 잘못을 인정한다는 것이 이렇게 어려운 일인지는 나도 최근에 와서야 알게 되었다. 인간의 심성이 참 나쁜 면이 많고 너무 이기적이라는 걸. 어지간해서는 남이 잘되는 것을 기쁘게 보아주지 않는 마음이 깊숙이 자리 잡고 있는 것 같다. 자기 자신의 이익에 조금이라도 영향을 준다고 생각되면 가차 없이 충돌이 벌어지게 되는 것이다.

나이를 먹으면 자신의 부족함을 인정할 줄 알고 상대방의 의견을

존중하는 태도를 보이고 살아야 한다. 자기 고집만 내세우고 살다가는 십중팔구 꼰대라는 소리를 들을 수밖에 없다.

요즈음은 올바른 사고를 갖도록 조언을 하면 자기하고 생각이 맞지 않는다고 자기 부모를 꼰대라고 몰아붙이는 세대가 적지 않다고 한다. 꼰대는 늙은이를 가르치는 은어이며 한편으로는 늙은 사람을 비하하는 말로 쓰인다.

주변에서는 꼰대 소리를 듣지 않으려거든 입을 다물고 조용히 있는 것이 제일이라고 조언한다. 하지만 우리 아이들도 언젠가는 홀로 서야 할 것이다. 험난한 세상과 맞닥뜨려 살다 보면 아이들도 결국 꼰대 취급을 받을 날이 머지않았다는 이야기다. 물론 그때가 되면 알아서 반성도 하고 후회도 하게 되겠지만 걱정이 앞서는 게 사실이다.

이 땅의 부모들이여, 비록 먹고 사는 일이 버겁다 해도 자녀만큼은 예의범절을 제대로 가르치자. 적어도 자식에게 꼰대 취급을 받아서야 되겠는가?

코로나19 양성자 중에는 자신이 이미 전염이 되었음에도 불구하고, 그 사실을 모르고 돌아다니는 경우도 있다고 한다. 우리도 꼰대라는 병에 이미 감염이 되었는데도 자신만 모르고 있는 것은 아닌지 한번 검사를 해보아야 할 것 같다.

어쩌다 보니 자신도 모르는 사이 꼰대 신세가 되어버린 지금 누구에게 하소연하겠는가? 하루라도 빨리 나 자신의 현 위치를 파악하자. 내가 지금 무엇이 부족하고, 잘못하고 있는 게 무엇인지 솔직하게 인정하자. 그리고 그것에 맞는 인생 설계를 다시 하는 것이 지혜롭게 인생을 살아가는 첫걸음이다.

달랑
아파트 한 채?

산에 올라가서 서울 시내를 내려다보면 촘촘히 들어선 아파트 말고는 특별히 보이는 게 없다는 생각이다. 서울 시내가 온통 아파트 단지인데도 아직도 내 집이 없는 사람이 그렇게 많다고 하니 산 정상에도 아파트를 지어야 해결이 될까?

그나마 나는 평생 열심히 일해서 번 돈으로 자식을 키우고 신도시에 아파트라도 한 채 장만한 것은 매우 잘한 일이라 생각한다. 이곳저곳에 신도시를 만들면서 아파트를 대량으로 공급을 했으니 나에게도 한 채의 아파트가 차례가 오지 않았나 싶다. 신도시가 아니었다면 나는 아직도 집 한 칸 없는 신세를 면하지 못했을 수도 있다.

어느 퇴직자 모임에서 주최하는 교육을 받으러 간 적이 있다. 강사가 퇴임 후 잘살아가는 노하우를 말해주었다. 그중 하나가 아파트는 절대 자식에게 물려주어서는 안 된다고 신신당부하는 것이었다. 아파트밖에 재산이 없는 대부분 퇴직자에게 아파트는 최후의 보루니 잘 지켜내야 한다는 이야기로 들렸다.

남아 있는 아파트가 자식에게 넘어가든, 아니면 사업한다고 은행에 저당잡혀 헐값으로 경매에 넘어가든 마지막 보루인 아파트마저 사라지면 인생이 종을 치게 되는 것이다. 100세 인생을 살아가려면 아직도 갈 길이 까마득한데, 내 손에 쥐어진 재산이 겨우 아파트 한 채라니 생각해보면 참 씁쓸하다.

아무튼 내 자식도 대학은 졸업해야 잘살 수 있다는 한 가닥 희망 때문에, 그리고 자식은 나처럼 절대로 고생을 시키지 않겠다는 강한 신념으로 어렵사리 대학까지 공부를 시켰다. 그 결과 명함을 내밀면 누구나 알 만한 회사에 취직도 했다. 이제 결혼을 하고 아이도 낳고 행복한 가장으로서 역할을 충실히 이행할 것으로 기대했다. 그런데 아직도 자식들은 내 곁을 떠나지 않고 나와 아파트를 공유하고 있는 처지다.

이제 남은 40여 년을 이 아파트 한 채를 가지고 100세 시대를 살아가야 한다. 차라리 부모님이 가지고 있던 땅을 팔지 않고 그대로 농사를 짓다가, 개발이 될 때까지 기다렸더라면 지금은 꽤 많은 재산을 물려받을 수도 있었는데 말이다. 그런데 어쩌겠는가? 이미 다 지나간 일이고 지금 나에게는 이 아파트 한 채만 있는 게 현실이다. 그러니 이 아파트 한 채라도 끝까지 잘 지켜야 하지 않겠는가?

열심히 공부해서 대학을 나왔고 좋은 회사에 취직하는 것이 내 인생의 가장 큰 목적이었다. 그리고 그 목적은 이미 달성한 것이 맞는데 도대체 뭐가 잘못된 것일까? 노름이나 하고 술집이나 드나들면서 흥청망청 돈을 써본 적도 없다. 그렇다고 여행을 자주 다니지도 않았고 특별난 취미 생활을 해본 적도 없다. 그런데 어찌해서 내게 남은 게 겨우 아파트 한 채란 말인가?

이제는 현실을 직시해야 한다. 겨우 아파트 한 채가 아니라 신도시에 멋진 아파트 한 채라도 가지고 있는 것을 자랑스러워해야 한다. 그나마 하나뿐인 이 아파트라도 잘 관리를 해야지 자칫하다가는 달랑 불알 두 쪽만 남게 될지도 모른다.

사수하자 아파트!

당구 대학에 입학하다

학교 다닐 때 동네 슈퍼 앞에 놓여 있는 겔로그라는 게임에 푹 빠져서 살았던 적이 있다. 무지막지하게 떨어지는 파리를 잡는 게임인데 지금도 내 귓가에서 뿅뿅 소리가 들리는 것 같다.

20대 초반에는 친구들과 자장면을 시켜 먹으면서 온종일 죽치고 시간을 보내던 곳이 있었다. 다름 아닌 당구장이다. 대학을 졸업하고 취업하면서 당구와는 인연을 끊고 살았다. 그런데 얼마 전 가까운 지인에게 이끌려서 당구장을 찾게 되었다.

우연히 들른 당구장에는 입이 떡 벌어질 만큼 많은 사람들로 북적였다. 마치 대학 시절 온종일 당구장에서 시간을 보내던 바로 그 순간으로 시계가 되돌아간 듯했다. 당구장을 꽉 채운 면면들이 50년 전 중학교 교실에서 고만고만한 친구들을 보는 듯했다. 어쩌면 그렇게 비슷한 모습으로 연식이 지난 모습이던지 나는 입을 다물 수 없었다.

그동안은 회사생활에 쫓겨 접촉할 일이 거의 없었고, 하도 오래전에 즐기던 구닥다리 취미인지라 당구장에 그렇게 사람이 많을 것이라고는 상상조차 할 수 없었다. 더군다나 지금은 스마트폰 게임 시대라 당구라는 걸 잊어버린 탓일 수도 있다. 그런데 당구는 지금도 성황 중이었고 TV에 당구 채널이 떡 하니 있을 정도로 호황을 누리는 중이었다. 솔직히 당구가 지금처럼 유행이 될 것이라고는 전혀 상상하지 못했다. 구닥다리 꼰대들의 옛 놀이가 다시 부활하다니 이게 도대체 무슨 일인가 싶다.

사실 나는 실내운동을 그다지 좋아하지 않아서 화투나 포커도 치지 않는다. 대부분 야외에서 하는 운동을 즐기는 편이다. 당구장에 관한 기억도 담배 연기 자욱해서 숨쉬기조차 힘들었던 기억이 전부다. 그래서 아마도 자발적으로 당구장을 찾는 일이 없었던 거 같다. 그런데 퇴임 후 만나는 지인들과 당구장을 몇 번 찾게 되었고, 모임 이후에도 당구장에서 시간을 보내는 일이 자주 생겼다. 본의 아니게 당구장 출입이 잦아지게 된 것이다.

당구장에는 100% 진짜 꼰대의 표본이라고 할 수 있는 연령대의 사람들이 빽빽이 들어차서 열심히 당구대를 맴돌며 진지하게 당구를 친다. 그 모습은 베이비붐 시대의 당구장 풍경을 확실하게 각인시켜주는 계기가 되었다.

당구장은 평상시에도 장사가 제법 잘 되는 것 같았다. 낮이고 밤이고 사람들이 끊이지 않으니 요즈음 드물게 장사가 되는 업종처럼 보였다. 더 감탄스러운 것은 가격이 저렴해서 온종일 소일해도 게임비가 그다지 부담스럽지 않다는 사실이다. 만 원이면 온종일 쳐도 되는 당구장까지 있다고 들었다. 오갈 데가 마땅치 않은 우리 같은 사람에게는 참으로 훌륭한 놀이 장소임에 틀림이 없다. 생각보다 당구 마니아들이 많은 걸 보니 TV에 당구 채널이 있는 것도 이해되었다.

솔직히 소싯적에 당구 한번 쳐보지 않은 사람이 어디 있겠는가? 다 같이 시간을 보내려면 서로 좋아해야 한다. 그런데 당구는 가격도 저렴하고 따로 준비해갈 장비도 필요 없다. 맨손으로 가서 온종일 친구하고 내기를 하면서 즐길 수 있다. 투자 대비 가성비가 넘치는 놀이다. 당구라는 스포츠가 있다는 것이 우리에게 얼마나 다행스러운 일인가. 갈 곳 없는 우리에게 편안한 안식처가 되어주는, 하늘이 우리에게 불쌍하다고 남겨주신 놀이라는 생각이 들었다.

당구장에서 열심히 게임에 열중하고 있는 베이비붐 세대들을 가만히 바라보며 생각했다. 한 사람 한 사람의 얼굴에서 '참으로 열심히 인생을 살았구나.', '참으로 고생이 많았구나.'라는 느낌이 절로 들었다.

당구를 치든 등산을 가든 퇴직자들이 건강하고 즐겁게 잘살아주었으면 하는 바람이다. 그런데 지금은 코로나19 때문에 당구 대학도 학업을 중단했으니 못내 아쉬울 뿐이다.

맥도날드 다방

나는 시골에서 자라서 그런지 빵으로 끼니를 때우는 걸 좋아하지 않는다. 빵으로 때운 끼니는 먹지 않은 것과 다름이 없다는 생각이 든다. 실제로 햄버거를 먹고 나면 뭔가 허전하다. 식사를 했는지 안 했는지 밥 종류로 식사를 한 것만큼 만족스러움을 느끼지 못한다. 그래서 햄버거를 먹은 후에는 라면이라도 하나 끓여 먹어야 한 끼를 해결했다는 생각이 드는 구세대다.

가끔 들르게 되는 맥도날드에는 늘 젊은이들로 넘쳐났다. 그런데 어느 순간부터 내 눈이 잘못되었나 싶을 정도로 나이가 지긋한 60~70대 노인들이 자리를 채우고 있다. 내 머릿속은 혼란스러웠지만 지금도 맥도날드의 주 고객층이 나이가 드신 분들이 대부분이라는 사실은 이해되지 않는다.

물론 모든 맥도날드 매장을 노인들이 채우고 있는 것은 아니다. 아직도 강남이나 시내의 번화가 맥도날드 점포에는 젊은이들이 주류를 이룬다. 그러나 중심지를 벗어나 구석진 동네로 갈수록 노인들이 더 많은 성향을 보인다.

내가 보기에는 아주 특이한 모습인데 아내의 이야기를 들으니 이미 오래전부터 분위기가 바뀌었다고 한다. 노인들이 긴 시간 앉아서 눈치 보지 않고 대화를 나눌 수 있는 장소로 맥도날드만한 장소가 없다는 것이다.

그래서인지 요즘 젊은 세대들은 노트북 등을 가지고 자유롭게 일을 볼 수 있는 스타벅스 등의 커피숍으로 이동했다고 한다. 그런 곳의 다소 비싼 커피값을 생각하면 나이 드신 분들에게는 맥도날드가 역시 답이라는 생각이 든다.

돈이 없는 사람들은 더운 여름철에는 백화점이나 은행을 찾아 시간을 보내기도 한다. 하지만 백화점은 딱히 앉아 있을 장소가 마땅치 않다. 은행은 잠시는 괜찮지만, 장시간 업무도 보지 않으면서 앉아 있기에 눈치가 보인다. 그러니 시원한 음료수 한 잔에 감자튀김으로 간식을 먹으면서 시간을 보낼 수 있는 맥도날드가 좋은 장소일 수밖에 없다는 생각이다.

세상이 빠르게 변하면서 맥도날드가 노인들의 아지트로 바뀌게 될 거라곤 누구도 예상하지 못한 일이었다. 그러고 보니 주변을 아무리 둘러봐도 노인들이 예전 다방처럼 쌍화차 한 잔을 앞에 놓고 죽치고 앉아 있을 공간이 없다. 그래서 젊은이들의 전유물이었던 맥도날드에 노인이 모여드는 것 아닐까? 그런데 언제까지 이 공간이 노인에게 양보될지는 미지수다.

아직 경로당을 찾기에는 조금 이른 사람들이 갈 만한 공간이 동네에 조금 더 많이 생겼으면 좋겠다고 생각해본다. 나이가 많아도 장시간 눈치 보지 않고 편히 앉아서 대화를 나눌 수 있는 곳이 있었으면 좋겠다. 그러나 비싼 땅덩어리에 매상도 잘 올리지 못하는 노인들에게 좋은 장소를 내줄 것 같지는 않다. 그나마 동네의 당구장과 맥도날드 매장이 있어서 오락과 휴식 장소로 이용이 되고 있으니 다행이고 감사한 마음이다.

고래장

고래장은 늙은 부모를 산속의 구덩이에 버려두었다가 죽은 뒤에 장례를 지내는 풍습으로 고려장高麗葬의 방언이다. 이 풍습은 여러 가지 사례가 전하고 있는데 그중 우리가 알고 있는 것은 민간설화인 '기로전설棄老傳說'에 실린 다음과 같은 내용이다.

"70살이 된 노인을 아들이 풍습대로 지게에 지고 산중에 버리고 돌아오려 할 때였다. 함께 간 손자가 그 지게를 다시 가져가려 하자 아버지가 의아스러워 까닭을 물었다. 그러자 다음에 아버지가 70살이 되면 지고 오려고 한다는 대답을 했다. 아비는 깊이 깨달은 바 있어 다시 늙은 아버지를 지고 집으로 돌아와 지성으로 공양하였으며, 이후로 노인을 버리는 풍습이 없어졌다."

그렇다면 고래장을 치른 나이가 왜 70살로 정해진 것일까? 아마도 그것은 당나라 시인 두보가 쓴 곡강시曲江詩의 한 구절인 '인생칠십고래희人生七十古來稀' 즉 '사람이 일흔 살까지 살기란 예로부터 드문 일'이라는 대목에서 유래한 게 아닐까 싶다. 두보도 70살까지는 살지 못했고 59살에 삶을 마무리했다.

실제로 내가 어린 시절만 하더라도 시골의 뒷산에 오르면 고래장 터가 적지 않게 눈에 띄었다. 그 터를 보면서 늙은 부모를 지게에 지고 산을 오르는 아들의 모습이 눈에 선하게 그려져 무섭기도 했다. 부모들은 혼자 남지 않겠다고 발버둥치지 않았고, 자녀들을 원망하지도 않았다는 이야기가 전해져 왔다. 그런데 요즈음 내 나이가 고래장을 지낼 나이가 되었다고 생각하니 갑자기 등골이 오싹해져 온다.

고래장에 대해 다시 한번 생각해본다. 당시에는 무슨 이유로 고래장이라는 풍습을 따랐을까? 추측건대 세상을 살 만큼 살았고, 더는 이 세상에서 할 일도 없고 쓸모없는 나이라 밥만 축내니 살아 있을 이유가 없다고 생각했던 것은 아닐까? 사실 살아계신 부모님을 죽게 만드는 비인간적인 행위를 자식이 손수 한다는 것은 있을 수 없는 일이다. 그런데 한편으로는 요즘 부모님을 아무런 거리낌 없이 요양원으로 모시는 행위와 무슨 차이가 있을까 싶은 생각이 든다.

얼마 전까지만 하더라도 부모님은 장남이 모시든가 아니면 다른 자녀들이 돌아가면서 모셨다. 그런데 지금은 대부분 요양원으로 모시는 것이 일반적이다. 하지만 평소에 잘 찾아보지도 않고 거의 방치하다시피 하는 경우가 많으니 현대판 고래장이 따로 없다는 생각이다. 심한 경우 요양원에서 치매나 중한 병에 걸린 어르신을 강제로 침대에 묶어두기까지 한다니 옛날의 고래장과 무엇이 다를까?

또 지금의 아파트에서의 삶도 얼핏 고래장 풍습이 오버랩된다. 누가 갖다버린 것이 아닌 도시의 아파트이고 고래장의 모습보다는 덜 답답할 정도의 크기지만 '고래장의 디럭스룸화?'라고 한다면 지나친 비유일까?

예전의 고래장은 어찌 되었건 고통스러운 순간이 있었겠지만 더는 버틸 수 없다는 체념으로 길지 않은 시간에 임종을 맞을 수 있었다. 그러나 현대판 고래장은 지속적으로 먹을 것도 끊이지 않고, 아파도 일정 부분 약물로 연명할 수 있다는 면에서는 좋아 보인다. 하지만 마지못해 생명을 연장해야 하고 언제 끝날지도 모르는 고통의 시간을 기다려야 한다는 점에서 결국 '디럭스 고래장룸'의 신세가 아닐까 싶다.

얼마 전 대우그룹의 김우중 회장은 더 이상의 생명을 유지하는 것이 무의미하다며 약물을 이용한 연명을 거부하고 유명을 달리했다. 그 뉴스를 접하며 다시 한번 고래장을 떠올려보았다. 지금이야 전설로 남아 있는 이야기지만 의미 없이 연명을 지속하는 허수아비 인간보다는 오히려 현명한 선택이라는 생각이 든다. 하필이면 퇴직한 후 요즈음 나의 일상이 자꾸만 고래장에 오버랩되는 것이 씁쓸할 뿐이다.

권고사직과
희망퇴직

어느 날 오후 네 시경쯤으로 기억된다. 버스를 타고 집으로 가던 길에 우연히 회사에 같이 몸담았던 박 부장을 만났다. 아직 해가 중천이라 오늘 쉬는 날이냐고 물어보니 뜻밖에도 퇴근하는 길이라고 말했다.

나는 고개를 갸웃거렸다. 내가 근무할 때는 부장직급을 가진 사람이 이처럼 해가 중천에 떠 있는 시간에 퇴근한다는 일은 있을 수 없는 일이었다. 그는 요즈음은 주당 52시간제를 시행하기 때문에 일찍 출근하면 이 시간에 퇴근해도 충분히 업무시간을 채울 수 있다고 했다.

얼핏 들으면 회사의 복지가 무척 좋아진 것처럼 생각된다. 하지만 언제부터 이 나라가 일주일에 52시간만 일하고 자신의 삶을 살았는지 의문이 들었다. 경제가 그렇게 좋으면 주변에서 희망퇴직을 당했다거나 회사에서 권고사직을 요청한다는 이야기가 들려오지 않아야 하는 것 아닌가?

나는 박 부장에게 잠시 내려서 술 한잔하자고 했다. 그는 흔쾌히 나를 따라 내렸고 우리는 가까운 호프집을 찾아 자리를 잡았다. 이런저런 이야기 끝에 박 부장이 말했다.

"주당 52시간 영향이 없는 것은 아니지만 실은 지금 할 일이 없어서 대기발령 받은 지 오래입니다. 어떻게든 더 버티고 싶은데 눈치가 보여서 얼마나 더 버틸지는 모르겠습니다."

몇 순배 술이 돈 끝에 그는 속내를 내비쳤다. 나는 그제야 박 부장의 상황이 이해되었다. 정년퇴직을 앞두고 내가 겪었던 그 마음을 오롯이 박 부장에게서도 느낄 수 있었다. 나는 불과 얼마 전의 나를 보는 것 같아 마음이 울적했다.

박 부장은 회사를 나오는 순간까지 이런 방식으로 시간을 보내면서 자리를 유지할 수밖에 없을 것 같다며 술잔을 들었다. 그의 눈동자에는 이미 초점도 없고 희망도 없어 보였다. 차라리 나처럼 퇴사를 하고 나면 오히려 속이 시원할지도 모르는데, 지금은 적잖게 마음고

생이 심할 박 부장의 모습을 보면서 술자리가 썩 유쾌하지는 않았다.

문제는 이런 상태에 놓인 사람이 박 부장뿐 아니라 같은 부서에도 여러 명 있다는 사실이다. 같은 처지에 놓인 사람이 옆에 있으니 한편으로는 외롭지 않다는 박 부장의 말이 충분히 이해되었다. 물론 개중에는 회사의 설득으로 정년을 채우지 않고 중간에 희망 퇴직금을 손에 쥐고 퇴직하는 이들도 적지 않다. 그리고 그 몇 푼을 가지고 험난한 현실에 뛰어들어 창업이나 투자 등을 하다가 결국 누군가의 먹잇감이 되는 경우도 많다. 그러니 차라리 버티고 남아 있겠다는 생각이 최고의 생존전략인지도 모르겠다.

사실 이런 상황은 이미 몇 년 전부터 충분히 예견되었던 상황이고 피할 수 없는 선택이었다. 그런데 현직에 있는 친구들은 그 시기가 임박한 시점에서도 그 심각한 상황을 대수롭게 생각지 않는다. 위기의식을 느끼지 못하고 매일 출근해서 대충 하루를 때우다 보면 월급은 꼬박꼬박 입금된다. 그러니 회사에서 다소 불편하게 할지라도 뭉개고 앉아 있는 것이 오히려 현명한 처사인지도 모르겠다.

문제는 그 소중한 시간을 허비하면서 퇴직 후 다가올 혹독한 한파를 전혀 대비 없이 워라밸만 즐긴다는 사실이다. 물론 국가가 일과 삶의 균형을 주장하는 분위기이고 바람직한 방향이기는 하나 그것은 철저하게 내 수중에 충분한 돈이 준비되어 있을 때의 일이라고 생각한다. 대부분은 달랑 아파트 한 채와 몇 푼 안 되는 돈을 쥐고 그야말로 홀딱 벗고 세상에 나서는 셈이다. 무지에 가까운 용감함이라고 해야 할까?

아마 모두의 생각은 그래도 대기업에서 부장까지 지냈고 경험도 풍부한데 설마 먹고사는 걱정이야 하겠느냐고 안이하게 생각할 수도 있다. 혹자는 있는 돈을 쪼개서 아주 가늘고 길게 살아가겠다는 나름의 전략을 세워놓을 수도 있다. 현직에 있을 때 하는 이와 같은 생각들은 대부분 시각장애인이 앞을 내다보지 못하는 것과 별반 다르지 않다고 생각한다.

우리가 태어난 베이비붐 세대는 이미 대량으로 수많은 인원이 쏟아져 나오기 시작했다. 현장직에 근무했던 사람이라 할지라도 정년의 시간이 거의 다 되어 곧 이 대열에 동참하게 될 것이다. 그렇다면 우리가 맞게 될 이 시기는 과연 희망퇴직의 시대일까? 아니면 퇴직 쓰나미 시대라고 해야 할까?

부유하게 잘사는 환경이라면 크게 문제가 될 것이 없지만 내가 겪어본 퇴직 후의 사회환경은 재앙의 쓰나미가 몰려오고 있는 듯하다. 마치 어둠의 시대가 눈앞에 펼쳐지는 것 같다. 퇴직 후 잠시나마 건달 생활을 해보니 나를 따라 줄줄이 뒤를 잇고 있는 후배들의 앞날이 걱정된다. 또 한편으로는 저들이 밀려 나오면 또다시 나와 경쟁자가 될 텐데 하는 걱정도 앞선다.

펭귄은 빙산의 벼랑 끝에 서면 바닷속의 천적에 대한 공포로 걸음을 멈춘다. 그런데 그중 한 마리가 먼저 바닷속으로 몸을 던지면 나머지 무리도 일제히 뛰어들어 먹이를 사냥한다. 가장 먼저 몸을 던지는 펭귄을 '퍼스트 펭귄'이라 부른다. 나는 왠지 갑자기 멈추어버린 우리 세대가 마치 벼랑 끝에 서 있는 펭귄 같다는 생각이 든다. '퍼스트 펭귄'을 따라 줄지어서 물로 뛰어들 듯 바다로 추락할 날이 머지않아 올 것 같아 갑자기 마음이 먹먹해진다.

인맥을 이용한 사업구상과 현실

30여 년의 직장생활은 전혀 짧지 않은 세월이다. 굵직굵직한 일들만 대충 추려보아도 참으로 난관이 많았다. 지나고 보니 그 모든 일을 슬기롭게 잘 극복하고 회사의 팀장으로서 중추적인 역할까지 충실하게 수행한 나 자신이 정말 대단하다는 생각이 든다. 또 그간 회사생활을 통하여 접촉했던 관련 업체와 인적교류가 있었던 인맥이 아주 든든하게 엮어져 온 것도 잊을 수 없다.

당연히 이런저런 인맥으로 얽혀 있는 인연이 많다. 이런 인맥들은 조금만 아이디어를 짜내고 관계를 돈독히 한다면 바로 비즈니스로 연결할 수 있는 사례가 분명 한두 건이 아닐 것이다. 그동안 회사

생활 중 주변과의 관계도 나쁘지 않았고 호형호제하는 가까운 선후배들도 주변에 포진해 있다. 나름 인간적인 면도 있다고 평가를 받아 왔으니 퇴직 후 제2의 인생을 그려보면 얼추 그림이 나오리라 생각했다. 그래서 가끔 회사생활이 너무 힘들 때는 사표를 던져버리고 그간의 계획을 실천에 옮겨 볼까 하는 생각을 이미 수백 번도 넘게 했던 것 같다.

그러나 막상 실천에 옮기려면 머뭇거려지는 것이 사실이다. 아직은 회사에 매여 있는 몸이니 퇴직하는 순간, 그동안 구상했던 일들을 현실화하면 되리라 생각했다. 현재는 시간이 부족해 철저히 준비하지 못했으니 참아야 한다고 자신을 다잡았다. 그러면서 제법 사업이 잘될 것 같은 생각에 저절로 웃음이 나오기도 했다.

마침내 퇴직을 명받는 날이 오고야 말았다. 이제 그간의 나의 멋진 구상을 실행에 옮겨야 하는 시간이 된 것이다. 그런데 아뿔싸! 지난 30년간 머릿속에 수없이 그려놓았던 사업구상이 막상 실천에 옮기려 하니 하나같이 부실 공사뿐이라는 사실을 깨닫게 된다. 막상 퇴직 전과 후의 경영계획서가 왜 이리 차이가 생기는 것인지 나 자신이 생각해도 이해가 가지 않았다.

다시 마음을 다잡고 주변 동료와 후배들의 도움을 받아 이것저것 추진해보지만 머지않아 깨닫게 되는 것은 결국 이건 아니라는 현실적인 판단이다. 사실 그것을 깨닫는 데 그리 오랜 시간이 걸리지 않았다.

현직에 있을 때와 바깥에서의 상황이 이렇게 180도 다르게 전개되리라고는 전혀 예상하지 못했던 일이다. 적지 않은 기간의 경험이 분명 어디에선가는 유효 적절히 필요한 곳이 당연히 있어야 하는데 현실은 왜 다른 것일까? 물론 퇴직 후 2~3년 이내에는 중소기업체에 채용되는 경우가 있다. 하지만 그동안 받던 급여의 반 이하를 받는다고 생각해야 한다. 또 그것도 본인의 능력보다는 본사와의 관계를 활용하고자 함이고 일정 기간이 지나 쓸모가 없어졌다고 판단되면 바로 해고당할 수 있다는 걸 각오해야 한다. 회사와 더 관계가 돈독한 새로운 사람이 계속 나오기 때문이다.

결국 이 모든 상황을 종합해볼 때 생각보다 나의 그 대단한 경력이 밖에 나오면 보잘것없는 것에 허망함을 느끼게 된다. 물론 봉사의 개념으로 가서 일하겠다면 얼마든 자리야 만들 수 있을 것이다. 하지만 다만 얼마라도 가계에 보탬이 되는 일을 찾는 것은 생각했던 것보다 그리 만만치 않다.

나의 경험으로 본다면 경력은 퇴직하면서 같이 반납하고 나오는 것이 몸도 마음도 홀가분하고, 새로 시작하는 인생에 부담을 주지 않을 것 같다고 생각한다. 물론 그렇게 마음속으로 다짐을 해도 쉽게 포기되는 것은 아니다. 잠시 구상을 하다 보면 또다시 괜찮았던 과거의 화려했던 내 모습으로 되돌아가 있는 나 자신을 발견하게 된다.

그런데 막상 퇴직하고 나면 아이러니하게도 회사에서 인맥으로 엮어져 있던 수많은 사람보다 동네에서 허심탄회하게 땀 흘리며 운동을 했던 주변 사람이나, 코흘리개 어린 시절부터 함께 자라오던 초등학교 친구가 더 가까운 거리에 있다는 것을 깨닫게 된다.

30년 경력은 대단한 것임에 틀림이 없다. 하지만 나의 상품값은 내가 결정하는 것이 아닌 구매자가 결정하는 것이다. 어설픈 관계를 맺고 이후에 뭔가를 해보겠다고 한다면 당신은 큰 오산을 하는 것이다. 그러한 어설픈 관계는 모두 물거품과도 같은 것이다. 퇴직하고 나면 깨끗이 정리를 하고 사업과는 더는 연관을 짓지 않는 것이 현명하다.

역으로 생각을 한다면 30년 전에 성능 좋던 제품을 이토록 오랫동안 사용하는 사람이 어디 있겠는가? 아무리 좋아도 폐기 처분 직전에 있는 중고는 수리비가 더 많이 들 텐데 누가 선뜻 사려고 하겠는가? 그러니 남의 회사에 피해 끼치지 말고 이제는 조용히 살아가는 것이 어떠할까?

죽어서도 경쟁해야 하는 베이비붐 세대

운칠기삼運七技三이라는 말이 있다. 운이 칠 할이고 재주나 노력이 삼 할이라는 뜻이다. 사람의 일은 재주나 노력보다 운에 달려 있음을 이르는 말이다. 어쩌면 이 말은 우리 인생사에도 잘 어울리는 말인 것 같다.

직장생활을 오래 하다 보니 나름대로 터득을 한 것이 있다. 사람은 줄을 잘 서야 하고 일을 잘하는 것보다는 될 만한 사람의 인맥을 잘 타야 같이 출세할 기회가 많아진다는 나름의 신념을 갖게 된 것이다.

성실하게 곧이곧대로 직장생활을 하는 사람들과 달리 윗사람의 비위를 잘 맞추는 밉상들이 더 많은 기회를 얻고 직장생활도 더욱 더 오래 하는 것을 볼 때가 있다. 어쩌면 이것이 세상 돌아가는 이치일지도 모른다.

우리도 기왕에 태어날 거면 조금은 살기 편한 세상에서 노력을 그다지 많이 하지 않아도 잘살 수 있는 곳에서 태어났으면 얼마나 좋았을까? 아니면 출생 인구라도 좀 적은 시기에 태어났더라면 그나마 한평생 경쟁을 덜 거쳤을 것이다. 또 손쉽게 기회도 잡을 수 있고, 재력도 모을 기회가 훨씬 쉬었을 텐데 아쉬울 뿐이다.

386세대 부모님들은 자식들을 보통 대여섯 명 정도를 낳았다. 만약 지금의 젊은 부부에게 이 정도의 자식을 갖도록 권유한다면 말도 되지 않는 소리라면서 펄쩍 뛸 것이다.

대여섯 살 무렵까지는 그저 동네를 뛰어다니며 노는 것으로 별 어려움 없이 지나갔다. 8살이 되어 초등학교에 입학할 즈음부터 우리의 경쟁은 시작되었던 것 같다. 함께 입학했던 친구들이 너무 많아 콩나물교실에서 바글바글하게 모여 공부를 했다. 물론 상급 학교로 올라갈수록 학생들의 숫자가 줄었다. 중고등학교는 시험 대신 속칭 뺑뺑이를 돌려 입학하는 세대라 운이 좋으면 좋은 학교에 진학할 수도 있었다.

내 기억에 본격적인 경쟁은 고등학교 때부터였던 것 같다. 원하는 대학에 가기 위해서는 재수는 보통이고 삼수도 마다하지 않던 시기였다. 대학 졸업 후 직장에 들어가는 것 역시 힘들었지만 지금에 비해서는 좋은 일자리가 훨씬 많았던 것도 사실이다. 그렇게 직장에 들어가서는 경쟁에서 살아남아야 한다는 사명감으로 정신없이 일만 했다. 그러다 보니 어느새 퇴직이었다. 퇴직하면 모든 경쟁이 없어지거나 수월해질 것으로 생각했다. 하지만 내가 퇴직하고 나니 친구들도 대부분 퇴직하게 되었고 본격적인 생존경쟁이 또 시작되었다.

어찌 보면 퇴직 후인 바로 지금부터가 치열한 경쟁의 시대가 본격적으로 시작된 것이 아닐까 싶다. 이렇게 앞으로 수십 년을 더 살아가면서 수도 없이 많은 경쟁에 맞닥뜨리게 될 것이다.

노인 요양급여를 타 먹는 것부터 요양병원 입원 등 죽기 전까지는, 아니 죽어서도 화장터가 모자라서 장사 날짜를 잡지 못하는 사람들이 지금도 비일비재하다. 앞으로 우리 세대의 앞날에 어떠한 경쟁이 펼쳐지고 얼마나 많은 경쟁을 뚫어야 저세상으로 갈 수 있을까 하는 생각에 벌써 머리가 지끈지끈해진다.

창업의 꿈은
신중히 생각하자

간혹 본인이 스스로 회사를 그만두지 않고 밀려나는 형태로 그만두게 되면 대부분 재취업의 문을 두드리게 된다. 리쿠르트 등 취업사이트들이 생각보다 많고 언뜻 보면 일자리도 제법 많아 보인다.

어딘가 내가 할 일은 분명히 있을 것이고 누군가는 나의 능력을 인정하고 모셔갈 회사가 있을 것이라는 생각에 용기를 내어 여기저기 이력서를 열심히 던져 본다. 그런데 막상 연락이 오는 곳은 생각했던 것보다 드물다. 간혹 이력서를 제출한 곳에서 연락이 와서 반가운 마음에 전화를 받는다. 그러나 적극적인 채용 의사를 보이는 곳은 대부분 보험회사나 세일즈맨을 원하는 회사가 대부분이다. 내심 나를 뭐로 보고 이런 회사에서 연락이 오는가 싶어 한 마디로 거절한다. 시간이 흐른 후에는 그것도 아쉽다는 생각이 들게 될 것이다. 그래도 일단 이력서를 올려놓으면 적지 않은 곳에서 연락이 오게 되고 가끔은 면접을 보러 가기도 한다. 그러나 마음에 내키지 않는 경우가 대부분이어서 과감히 'NO!'라고 의사표시를 한다.

퇴직 후 무엇을 하든 일자리를 구하기는 하늘의 별 따기가 된 지 이미 오래전 일이다. 그리고 일자리를 다시 찾는 행운이 온다고 해도 손에 쥐어지는 돈이 그다지 많지 않을 것이 뻔하다. 그래서 대부분의 사람들이 생각하는 것이 바로 창업, 내 사업이다.

한때 강남역 부근에 마라탕이 잘 팔리는 걸 보고 '저 장사를 하면 돈 좀 벌 수 있겠구나.'라고 생각한 적이 있다. 그런데 한두 달이 채 지나기 전에 어느새 열댓 군데의 마라탕 집이 생기는 것을 보고는 화들짝 놀랐던 기억이 난다.

내가 좋아 보이는 것이 남의 눈에 좋지 않게 보일 리가 없다. 게다가 퇴직자가 많아 무엇이든 아이템을 찾는 발 빠른 사람들이 많은 것을 감안하면 좋은 결과를 기대하기 어렵다. 아무리 아이디어가 좋아도 순식간에 경쟁자가 생긴다면 절대 성공할 수 없는 구조가 지금의 현실이다. 그런데 딱히 할 일이 없다 보니 실패가 빤한 데도 불구하고 경쟁에 뛰어드는 것이다.

특히 새로 시작하는 분야는 평생 한 번도 가보지 않은 길이다. 누가 보아도 실패할 확률이 높다. 또 어떤 일이든 막상 시작하면 아무리 작은 가게일지라도 편하게 휴일을 쉰다는 것은 꿈도 꿀 수 없는 현실 앞에 놓이게 된다. 그러나 아무리 발버둥을 쳐도 새벽부터 밤늦은 시간까지 자리를 지켜야 그나마 임대료라도 메울 수 있는 상황이 반 년 정도만 지속되면 대부분 나가떨어지게 되어 있다. 인건비와 임대료가 워낙 비싸다 보니 결국 종업원과 임대업자만 돈을 벌게 되어 있는 구조다. 아주 빤한 패배자 길이 우리 앞에 펼쳐져 있는 것이다.

그제야 권리금이라도 찾고 그만두고 싶은 마음이 굴뚝같다. 그런데 권리금은커녕 보증금도 못 건지고 결국 쫓겨나다시피 가게를 정리하는 경우가 허다하다. 비싼 돈을 들여 인테리어를 했지만 같은 업종이 들어오지 않으면 모두 뜯어내야 하는 쓰레기에 불과한 것이다.

끝내 비싸게 주고 꾸민 인테리어 장식을 원상복구를 해놓고 나가라는 주인의 요구를 받는다. 권리금은 한 푼도 건지지 못하고 도망치듯 가게를 빠져나와야 할지도 모를 일을 겪고 나면 대부분 다시는 장사를 하지 않겠다고 고개를 젓는다. 설상가상으로 가게 문을 닫을 즈음이면 이미 퇴직금도 대부분 탕진한 상태일 것이다. 은행 빚이라도 지지 않았다면 그나마 큰 다행이다.

결국 스스로 인생의 주인이 되어서 자기가 하고 싶은 일들을 하면서 산다는 이야기는 그냥 꿈이나 꾸는 것이 가장 이상적이다. 계획하던 일이 현실에서 가능한 일이라고 생각하고 착각에서 깨어나지 않는다면 남은 인생은 스스로 무덤을 파는 고난의 연속이 될지도 모른다.

이처럼 퇴직금을 이용해 무엇을 시작할까 고민하는 순간, 당신의 장래는 이미 어두움이 깔리기 시작하는 것이다. 물론 개인사업을 시작한다고 모두가 망하는 것은 아니다. 하지만 90% 이상은 몇 년 안에 사업을 접는다는 통계가 있다.

그래도 나라의 경기가 좋다고 말하는 사람들이 있는 것을 보면 저들이 사는 세상은 나와는 다른 곳인가 하는 의문이 든다. 그리고 또 물 들어오는 줄 알고 노를 젓다가 증시가 폭락하는 바람에 거의 거지가 되고 말았다는 지인들의 얼굴도 새삼스럽게 떠오른다.

워라밸 시대?

내가 아는 대기업 근로자들의 이야기를 빌려 본다. 근무시간이 짧아지고 야간업무가 없어지자 많은 것이 달라졌다고 한다. 평소에도 퇴근하고 바로 골프장으로 달려가거나 회사에서 지원해주는 각종 활동에 적극적으로 참여한다. 또 해외여행은 말할 것도 없고, 네팔 등반 등 일반인들이 접근하기 쉽지 않은 취미 생활까지 고루고루 잘 하고 있다. 즉 정부가 일 좀 그만하라, 최저임금을 올려라 마라 떠들지 않아도 이미 최고의 워라밸('일과 삶의 균형'이라는 의미인 'Work-life balance'의 준말) 생활을 즐기고 있다고 보면 맞을 것이다. 워라밸이라는 단어는 1970년대 영국 '워킹맘협회'에서 개인의 업무와 사생활 간의 균형을 묘사하면서 처음 등장했다. 이후 워라밸 트렌드는 출퇴근의 고정관념부터 기업의 채용 방식에까지 영향을 미쳤다.

OECD가 매년 발표하는 '더 나은 삶의 지수Better Life Index'에 따르면, 최근 한국의 워라밸 지수는 10점 만점에 4.7점에 불과하다. OECD 35개 회원국 가운데 32위에 머물고 있다. 워라밸 지수는 OECD에서 '더 나은 삶의 지수'를 산출하는 항목 중 하나로 장시간, 근무하는 노동자 비율, 하루 중 자기 관리와 여가에 활용하는 시간 등으로 측정한다.

문제는 이렇게 풍족한 시간과 취미 생활이 과연 힘들게 하루하루를 살아가는 사람들에게도 해당하는 말인가 묻고 싶다. 현실은 일하고 싶어도 일자리가 부족해 할 수 없는 경우가 허다하다. 그런 상황에서는 퇴근 후 투잡을 가져야 아이들 학원도 보내고 근근이 생활할 수 있다. 남편이 그나마 괜찮게 벌어오던 시기와는 달리 아내도 함께 직업을 가져야 생활이 궁핍해지지 않는다. 따라서 이전보다 오히려 더 많은 일을 해야 생존할 수 있다. 또 시간이 많이 남아돈다 해도 기본적으로 쓸 돈도 없다. 그러니 남들처럼 취미 생활이나 하면서 워라밸 생활을 꿈꾼다는 것은 다른 나라의 이야기로밖에 들리지 않는다.

그런데 정말 걱정스러운 것은 젊은이의 사고방식이다. 그들은 일단 워라밸부터 수준을 올려놓고 생활능력에 대한 것은 정부가 알아서 잘해줄 것이라 믿고 있다. 어지간해서는 일자리를 찾지 않고 차라리 그냥 노는 쪽을 택하는 경우가 부지기수다.

결국 정부가 원하는 방향대로 워라밸 생활을 누리고 있는 사람들은 아주 극소수에 불과하다. 즉 워라밸을 좇아다니다가 쪽박을 차고 부모님께 손을 벌리거나 나라에서 빚을 갚아주기를 기다린다. 워라밸하라고 일찍 집에 보내면 투잡을 뛰면서 52시간이 아닌 150시간 일을 해야 하는 부류도 분명 있을 것이다. 이런 상황인데 도대체 어떤 생각을 가지고 경제가 잘 돌아가고, 고용이 안정되어 있고, 부의 분배가 잘 개선되어가고 있다는 것인지 솔직히 이해가 가지 않는다.

모두가 다 같이 워라밸 생활을 하게 되는 것이야 당연히 지향해야 할 방향이다. 또한 그렇게 되기 위해서 다 같이 노력을 해야 하는 것은 맞다. 어쩌면 조만간 워라밸 시대를 사시는 분들을 위하여 더 열심히 막노동을 뛰어야 할지도 모르겠다. 워라밸이 뉘 집 강아지 이야기인가?

최근에는 '워라밸'을 넘어 '워라하', '워라인'이라는 신조어가 나오기도 했다. 워라하Work-Life Harmony는 일과 삶이 조화를 이뤄야 한다는 것을 뜻하고 워라인Work-Life Integration은 일과 삶의 통합을 이른다는 말이다.

제2장

소중한 것들을 챙기며 살기

내 삶의 가장 소중한 아내

언젠가는 그런 날이 오겠지만 내일 나의 삶이 마지막이라고 가정한다면, 지금까지 살아오면서 내게 가장 소중했던 것은 무엇일까? 사람마다 모두 다르겠지만 나의 경우는 평생을 살면서 가장 소중한 것은 바로 아내라고 생각한다.

물론 서로 티격태격하면서 순탄치 않은 삶을 살아오기도 했고, 한때는 서로 헤어지려고 생각할 만큼 심각한 상황까지 다다른 적이 있었다. 하지만 부부가 어찌 좋은 꽃길만 손잡고 걸어갈 수 있으랴. 그 수많은 어려운 환경에서도 그래도 오직 내가 좋다고 곁에서 평생을 같이해준 아내를 생각하면 정말 고맙다는 생각이 든다. 오직 가족을 위해 평생을 헌신하느라 하고 싶은 것도 마음대로 못 하고, 입고 싶은 옷도 마음껏 입어보지 못하고, 먹고 싶은 음식도 배불리 먹지 못한 걸 알기 때문이다. 이런저런 지나온 날을 생각하며 환갑을 넘긴 아내의 모습을 바라보니 마음 한구석이 짠하다.

'아내에게 바치는 노래' 가사를 떠올려본다.

젖은 손이 애처로워 살며시 잡아본 순간
거칠어진 손마디가 너무나도 안타까워서
시린 손끝에 뜨거운 정성 고이 접어 다져온 이 행복
여민 옷깃에 스미는 바람 땀방울로 씻어온 나날들
나는 다시 태어나도 당신만을 사랑하리라

미운 투정 고운 투정 말없이 웃어넘기고
거울처럼 마주 보며 살아온 꿈같은 세월
가는 세월에 고운 얼굴은 잔주름이 하나둘 늘어도
내가 아니면 누가 살피랴 나 하나만 믿어온 당신을
나는 다시 태어나도 당신만을 사랑하리라

이 노래 가사가 조금 오글거리기는 해도 지금의 내 마음을 대변하는 가사가 아닌가 싶다. 아내도 남들처럼 신나게 쇼핑을 하고 친구들과 이곳저곳 여행도 즐기고 맛있는 음식을 먹으면서 살고 싶은 생각이 왜 없었겠는가? 가부장적인 사고로 늘 윽박지르면서 큰소리치던 나의 모습이 어디 한두 번이었겠는가? 솔직히 내 성격이나 습관에도 수없이 부족함이 많다. 그럼에도 불구하고 아이들 아빠의 자존심을 지켜주느라 본인의 생각은 아예 포기하고 살아온 아내의 쪼글쪼글해진 모습을 보니 측은하다 못 해 마음이 아려온다.

지금까지 살아오면서 나에게는 로또와 같은 행운은 없었다. 하지만 마음씨 곱고 예쁜 배우자를 나에게 주신 것이 로또에 버금가는 행운이라 생각한다. 나이 들어 행복한 것 중의 최고는 바로 배우자를 잘 만난 것이라고들 한다. 그렇다면 나는 진정 행복한 사람인 것이 틀림이 없다.

나이가 들어서인지 요즘은 아내도 이곳저곳 몸이 말을 듣지 않아서 불편해하는 모습을 보게 되는데 너무 안쓰럽기 그지없다. 또 아직도 남은 음식을 아까워서 버리지를 못하고 찬밥으로 대충 끼니를 때우는 모습에는 죄책감이 들기도 한다. 더 나이가 들기 전에 더 아픈 곳이 많아지기 전에 아내에게 최선을 다해 잘해주고 싶을 뿐이다.

불평불만을 한다 해도 내가 조금만 들어주고 이해해준다면 금세 마음이 돌아설 어여쁜 마음이다. 아직도 본인보다는 남편과 가족을 위해서 온 힘을 기울이는 아내가 이 세상에 또 어디에 있단 말인가. 천사가 따로 있는가? 나에게 이렇게 예쁘고 착한 아내를 주신 하나님께 이 한 가지만은 진정으로 감사의 말씀을 전해드리고 싶다. 남은 생도 열심히 살겠습니다.

아내는 정년이 없다

퇴직하고 나니 제일 갑갑한 것이 눈만 뜨면 달려가던 회사에 나갈 일이 없어졌다는 사실이다. 따라서 집에서 하루를 보내야 하는데 그 일과가 만만치가 않다. 그동안 출근할 때는 회사생활이 너무 지겨워서 어서 때려치우고 편안하게 집에서 쉬고 싶었다. 그런 안락함을 기대해왔건만 실제로 쉬어보니 쉬는 일도 결코 쉽지가 않다.

대낮에 집에서 빈둥거리며 아파트 주변을 맴돈다는 것이 정신적으로 스트레스를 많이 받게 되는 일임은 며칠 가지 않아 깨닫게 되었다. 만약 집에 아무도 없다면 내가 혼자서 늦게까지 자든, 끼니를 제때 챙겨 먹지 않든, 청소를 하든 말든 아무런 상관이 없다. 그러나이 집에는 집주인인 아내가 떡 하니 자리를 잡고 있다.

퇴직 후 얼마 지나지 않아 집에서 뒹구는 나를 불편하게 여기는 아내의 모습이 역력하게 느껴졌다. 눈치는 보이지만 어쩔 수 없이 온종일 뭉개면서 아내 뒤를 졸졸 따라다니는 처지가 되었기 때문이다. 그렇게 한 달 두 달 시간이 흘렀다. 나는 밥만 얻어먹기에 염치가 없어 생전 안 하던 집 안 청소도 거들면서 나름대로 밥값을 한다고 자부하고 있었다.

그런데 생각해보니 아내로서는 도와준다고 하는 일들이 성에 차지도 않을 뿐더러 집안 살림하는데 기웃거리는 내가 달가울 리 없다는 생각이 들었다. 또 내가 퇴직한 후에도 아내의 일상은 크게 달라지지 않았다. 아니, 오히려 하루 세끼 밥을 챙겨주어야 하는 남편이 있으니 끼니 걱정에 일이 늘어난 것이다. 게다가 남편들은 아내의 생각을 아는지 모르는지 그동안 아내와 함께하지 못한 일들을 한꺼번에 잘해주려고 덤벼댄다. 겉으로야 귀찮은 내색을 하지 않지만, 아내 입장에서는 내가 어서 일자리를 찾아서 밖으로 나갔으면 하고 바랄 것 같다.

처음에는 퇴직금으로 동남아 여행도 몇 군데 다녀왔다. 그것도 자꾸 가자고 하면 시큰둥해지게 마련이다. 왜냐하면 여자들은 남편보다 친구가 더 편하고 재미있기 때문이다. 그래서 어떤 집은 남편이 집에 있기 시작하면서 아내가 밖으로 나가서 볼일을 본다. 친구도 만나고 사회생활을 하다가 저녁때가 되어서야 집으로 들어오는 경우도 있다.

이웃집에 퇴직하고 집에서 삼식이를 자처하던 남자가 있었다. 2년을 집에 있다가 캄보디아로 일자리가 생겨서 간다고 하니 그 집 아내가 너무 좋아서 펄쩍펄쩍 뛰었다는 말을 전해 듣기도 했다. 이런 말들이 퇴직 후 집에서 쉬는 남자들의 어깨를 축 늘어지게 만드는 요인이 되는 것 같다.

그래도 나는 정년이라도 있는데 아내는 정년이 없다. 오히려 나이가 들어 쉬어야 할 나이에 남편이 집에 있으니 일이 더 늘어났다. 하고 싶은 일도 마음대로 하지 못하고 밥때가 되면 일일이 차려주지 않더라도 일단 신경이 쓰일 것이다. 생각해보니 이런 투정이 아내에게 미안스럽다.

부부의 인생을 길게 보아도 기껏해야 30~40년 살고 나면 각자의 길을 가야 할 운명이지만 사람의 마음은 수도승처럼 그리 인자하지 않다. 그래서 가능하다면 재취업을 해서 남편이 새로운 일을 찾아 밖으로 나가주었으면 하고 은근히 속으로 바라는 것은 인지상정일 것이다.

여자들은 남자와 여러 가지 면에서 다른 점이 많아서인지 전화를 붙들고서도 두세 시간은 거뜬하게 수다를 떨며 무료함을 달랜다. 생리 구조가 달라도 참 다르다는 생각에 어떤 면에서는 신기하기 이를 데 없다. 또 집안 살림이 대충 보기에는 아무것도 아닌 듯해도 신경써야 해야 할 일이 한둘이 아니다. 한 마디로 아내는 늘 할 일이 있고 바쁘다. 그러니 빈둥거리고 있는 나를 신경 쓰지 않으려 해도 걸리적거리는 것은 두말하면 잔소리다.

거기다가 세월이 갈수록 아내는 더 건강해지는 느낌이다. 나는 퇴직 후유증 때문인지 아니면 그동안 술을 너무 많이 마셔서인지는 모르겠으나 급속도로 여기저기 아픈 데도 있고 다리에 힘이 빠지는 것을 느낀다.

직장생활을 할 때는 모든 것이 내가 중심이 되어서 돌아가고 또 그래야 한다고 생각을 해왔다. 그러나 퇴직하고 나서는 기존의 고정관념을 빨리 버려야 한다. 그렇지 않으면 돈도 못 버는 주제에 아내만 귀찮게 하는 천덕꾸러기 신세로 전락하고 말 것이다.

이 땅의 퇴직자 남편들이여, 아내는 정년이 없으니 그들의 생활에 민폐를 끼치지 않도록 알아서 기는 생활로 마음을 고쳐먹기를 바란다. 성인의 말씀에도 있지 않은가? 너 자신을 알라! 언제까지 자신의 처지가 변한 것을 인정하지 않고 눈치 없이 굴다가 아내에게 퇴출당할지 모른다.

아내가 더 오래 살아야 좋다

고향 마을에 아직 살아 계시는 80~90대 노인 분들을 살펴보면 대부분이 여성이고 남자는 10%도 채 안 되는 것 같다.

동창들도 부모님의 연세가 거의 80세 이상이신데 아직 살아 계신 분은 역시나 어머님이시고 아버님이 생존해 계신 경우는 거의 없는 것 같다.

평상시에 생활 습관을 보면 남자가 활동도 많고 머리도 많이 쓰고 비교적 여자보다는 즐겁게 사는 것 같다. 그러나 실제적으로는 여자의 수명이 10년 정도 더 길다는 것은 이미 통계학적으로도 증명이 된 사실이다.

특별한 이유가 없다면 아내보다 일찍 세상을 떠난다는 것은 나도 이미 인정하고 있다. 겉으로는 이야기하지 않지만 섭섭하게도 아내 역시 내가 먼저 저세상으로 떠나리라는 것을 전제로 이야기하는 것을 접하게 된다.

아내는 나에게 절대 일찍 죽지 말고 자기가 죽을 때까지 곁에 있다가 죽어야 한다고 신신당부를 한다. 결국 아내가 먼저 죽을 것이라는 생각은 전혀 하지 않는 것 같다. 그러나 통계적으로 나와 있는 자료가 있고 사실 누가 먼저인가는 의미도 없다. 일단 내가 먼저 죽는 것으로 하고 살아도 크게 손해 본다는 생각은 들지 않으니 은연중에 인정해온 터다.

항간에는 비실비실 잔병을 자주 앓는 사람이 오래 산다고도 하고, 여자가 매월 생리를 하다 보니 나쁜 피를 자주 바꾸어서 오래 산다고도 한다. 남자는 술을 너무 많이 마시고 여자를 밝히다 보니 정력이 소진되어 일찍 죽는다고들 하는데 맞는 말인지는 모르겠다.

최근 경로당의 구성 비율을 알게 되었다. 그곳에서도 아직 쌩쌩하게 활동을 하시는 노인들은 대부분 여자가 많았다. 남자가 활동적인 모습을 보이는 분은 거의 없는 것 같다. 그나마 여성 어르신들이 경로당의 남자 어르신들을 챙기시니까 그 모습이 보기 좋았다.

복지센터에 드나드는 분들도 주로 여자들이 활동적으로 참여하는 추세다. 나이 드신 남자들은 나이가 들수록 그 수가 줄어드는 모습이 쉽게 눈에 띈다.

나이가 들면 호르몬의 변화 때문에 남자는 여성스러워지고 여자는 남성스러워진다고 한다. 그래서인지 세월이 지나며 집안의 주종관계가 뒤바뀌는 모습은 특별한 일이 아닌 것 같다. 심지어 한 지인은 전화번호에 남편을 큰아들이라고 기록해놓기도 하는 것을 보면 너털웃음이 나온다.

하긴 그동안 사회생활도 열심히 하고 돈도 잘 벌어다 주고 밤에 힘도 꽤 쓰던 멋진 사나이였다. 그러니 주인 노릇을 해왔다지만 지금이야 어느 곳 하나 쓸 만한 곳이 변변치 않다. 대우해달라고 하기보다는 그저 쫓아내지 말고 밥이나 얻어먹게 해달라고 할 형편이다. 이처럼 자세를 팍 숙이는 모습이 하루하루 편하게 살아가기 위한 요령일 수도 있겠다.

오래 살면 오래 살수록 남자의 생존율은 여자보다 떨어진다. 만약에 오래 살아남는다면 그동안 치열했던 경쟁에서 벗어날 수 있는 꿈같은 환상의 시대가 나에게 도래될 수도 있다고 생각한다. 그렇다면 여자 친구들을 두루두루 사귀고 즐기면서 살 기회가 다가오는 것 같아 은근히 욕심이 생기기도 한다.

그동안 귀찮게 하던 아내도 저세상으로 가고 나 혼자 남아서 아직 생존해 있는 많은 여자와 즐거운 나날들을 보낸다고 생각하면 상상만 해도 기분이 좋아지지 않는가? 단, 그런 기분 좋은 상상은 건강한 몸뚱이가 유지되어야 한다. 아무리 삼천궁녀가 나를 반긴다고 해도 아무 힘도 쓰지 못하는 정력을 가지고 삼만 궁녀가 주어진들 무슨 소용이 있겠는가?

어찌 보면 아내보다 일찍 죽는 것이 남자 혼자 힘들게 살다가 고독사하는 것보다 훨씬 운이 좋은 인생을 마감하는 길이 아닌가 싶다. 아직도 내 곁에 아내가 같이 있다면 하나님께 감사할 일이다. 아멘.

노후가 편하려면 운전은 아내와 함께

운전을 누가 해야 한다는 것까지 시시콜콜하게 이래라저래라 따지고 사는 것이 어찌 보면 조금은 치사하게 보일지 모른다. 그러나 진정으로 배우자를 사랑하는 마음이 있다면 운전만큼은 더는 미루지 말고 아내와 함께하도록 하자.

아내가 운전을 잘하는 데도 남자가 운전대를 잡는 것이 보편적인 상황이다. 또 아내들은 오랜 기간 남편이 운전하는 차를 타고 다니다 보니 굳이 스스로 운전대를 잡을 필요를 느끼지 못한다. 또 오랫동안 운전대를 잡지 않으면 운전석에 앉는 것조차도 부자연스럽다.

그러나 아내가 운전하면 여러 가지로 편하다. 특히 약주를 좋아하는 사람들의 경우 아주 긴요하게 아내를 믿고 실컷 술을 마실 수 있으니 이 얼마나 좋은가? 아내가 운전하는 친구들을 보면 종종 부러울 때가 있다. 장거리 운전을 할 때 아내가 조금이라도 교대를 해준다면 잠시 눈도 붙일 수 있으니 참 편리하고 좋다. 그런데 운전대를 잡는 것이 습관이 되어서인지 아내에게 운전을 맡기면 잠이 잘 오지 않는다는 남편들도 많다.

우리의 긴 인생을 생각하면 아내가 운전하는 것이 매우 요긴하기도 하다. 나이가 들어서 누가 먼저 거동이 불편해질지는 모른다. 누구든 건강을 보장받고 사는 것은 아니다. 운전을 하지 않던 아내가 건강하고 내가 비실비실해서 건강이 좋지 않게 된다면 사태가 어렵게 될 수밖에 없다.

사실 나이가 들어서 배우자가 운전하는 차를 타고 다니는 것이 그 무엇보다도 편하다는 사실을 경험해보지 못한 사람들은 모를 것이다. 특히나 몸 상태가 좋지 않게 되어 꼼짝없이 운전대를 놓아야 할 경우가 생긴다면 아내가 차도 없이 생필품을 사 오는 것이 얼마나 불편하겠는가?

그러니 당장 오늘부터라도 아내와 교대로 운전하는 것이 서로의 미래를 위해서도 좋고 남편들도 훨씬 덜 피곤하게 살아갈 수 있다. 그리고 아내가 살아가는 데에도 아주 편한 일이니 살살 달래서 운전을 함께하도록 하자.

아내가 운전하는 차를 이용하면 처음에는 불안하겠지만 어느 정도 운전이 손에 익으면 마치 기사를 둔 큰 회사의 사장님처럼 편하고 기분도 좋아진다. 사장이라고 휴일도 없이 기사가 붙는 것은 아닌데 아내는 전천후 운전기사가 될 수 있으니 얼마나 좋은가?

이렇게 퇴직 후 이런저런 생각들이 많아졌다. 나도 인간인지라 결국은 세월을 비껴갈 수 없을 것이다. 하나둘 건강이 안 좋아지게 되면서 나를 컨트롤하지 못할 시점이 다가올 텐데 하는 걱정이 슬슬 시작된다.

'구구팔팔이삼사'라는 말도 있지 않은가? 90까지 건강하게 살다가 딱 이삼일 만 앓고 죽는다면 더없이 복 많은 일일 것이다. 자식들도 고생시키지 않겠지만 문제는 내 운명을 내 의지대로 할 수 없다는 점이다.

결국은 나도 누군가에게 의지하면서 생을 마감해야 하는 시점이 닥쳐올 수밖에 없다. 그렇다고 지금부터 생각해도 특별히 무슨 방도가 있는 것도 아니다. 부잣집 영감처럼 병원 특실에서 대우를 받으면서 마감을 할 수 있는 형편도 아니니 솔직히 걱정될 뿐이다.

나도 연로하신 부모님을 모시는 일로 형제, 아내와 수도 없이 많은 갈등을 빚어왔다. 하물며 앞으로 내 자식들이야 오죽하겠는가?

혹자는 내 생각이 비관적인 생각이라고 할 수도 있다. 하지만 지금 젊은 세대들이, 특히나 아들이 결혼해서 살다 보면 구박받지 않고 살아도 다행이라는 생각이다. 게다가 피 한 방울 섞이지 않은 며느리가 나를 살뜰히 보살필 이유는 더더욱 없지 않은가?

세상이 그러하니 자식이나 며느리를 탓할 것도 아니다. 그나마 다행인 것은 내가 지금 내는 보험 중에 훗날 20~30%의 양로보험료를 더 받을 수 있도록 보험을 가입했다는 점이다. 그리고 나이 든 사람들에 대한 관리를 잘하겠다는 정책이 있으니 다소 위안도 된다. 내가 혜택을 받아야 할 시기에 건강보험 재정이 파탄이 나지 않기를 바랄 뿐이다.

솔직히 그동안 내가 아내한테 썩 잘해주지 못했기 때문에, 아내가 내게 잘해줄지도 확실치는 않다. 그래도 결국 나를 끝까지 돌봐줄 사람은 미우니 고우니 해도 이 세상에 아내밖에는 없을 것이다. 그동안 아내의 속을 부단히 썩였지만 함께 수십 년 살아온 정이 있으니 그리 매몰차게 하지는 않을 것이라고 믿는다.

지금부터라도 늦지 않았다. 몰래 딴 주머니 찰 생각일랑 하지 말고 곁에 있는 아내한테 적극적인 투자를 하자. 나를 챙길 아내한테 투자를 많이 해야 조금이나마 덜 미안할 것 아닌가?

여자는 일단 술과 담배를 대부분 멀리하니 조금만 신경을 쓰면 얼마든지 건강해질 수 있는 요인이 많다. 집에서 살림만 하던 아내의 생활 패턴을 대폭 바꿔주자. 이것저것 레슨도 많이 참여하게 하고, 악기도 열심히 배우게 하고, 혼자서 여행도 즐기도록 배려를 하자. 일 년에 한 번씩은 녹용이 포함된 보약을 해서 바치고 조금이라도 아프다고 하면 바로 병원으로 가서 조기에 문제의 소지를 제거해주도록 하자.

나한테 투자를 많이 해서 나만 건강해지면 나중에 아내 뒤치다꺼리를 하다가 볼일 다 보게 될 수도 있다. 그러니 진정 투자를 할 곳은 당연히 아내이지 않은가?

좀 늦기는 했어도 지금부터 레이디 퍼스트가 아니라 아내 퍼스트로 투자를 시작하자.

친구가
필요하다

남자들은 친구가 있어도 만나서 잠깐 안부를 묻고 나면 딱히 나눌 이야기가 없다. 그러니 친구가 없어서 만나지 않는 게 아니고 매일 만나서 나눌 이야기가 없으니 만남의 횟수가 줄어드는 것이다. 그렇다고 옛 전우들을 매일 만나서 술을 마실 수도 없고, 나이 든 노인처럼 전철을 타고 춘천이나 온양온천을 다녀올 수도 없으니 참 답답할 노릇이다.

노후를 잘살기 위해 꼭 필요한 것들이 있는데 그중에 빼놓을 수 없는 것이 바로 친구다. 인디언들은 친구를 "내 슬픔을 등에 지고 가는 자."라고 말한다. 진정한 친구는 언제나 아무 부담 없이 만날 수 있고 만나서 별 이야기를 하지 않아도 편안한 친구다. 무조건 내편을 들어주는 친구, 내가 어려운 일을 당했을 때 누구보다 먼저 달려와 상처를 위로해주고 보듬어줄 사람이 바로 친구다. 그리고 무엇보다도 소소한 일상을 함께 나누어줄 친구가 절실한 요즈음이다.

친구라면 그간 회사생활을 하면서 알게 된 직장 동료가 제일 많을 것이다. 그 외에 학교 친구, 불알친구, 군대 동기 그리고 사회생활을 하면서 알게 된 친구들도 적지 않다. 그런데 가장 오랜 시간을 함께 일했던 회사 동료들은 막상 퇴임하면 어쩐지 거리가 멀어지게 된다. 오히려 그동안 자주 보지 못했던 불알친구들을 자주 만나게 된다. 또 취미 생활로 격의 없이 같이 활동하던 분들과의 접촉도 빈번해진다.

아쉽게도 제일 많은 시간을 함께했던 회사 동료들과는 이상하리만치 거리감이 생긴다. 서먹서먹함까지 느끼게 되는 데 오랜 시간이 걸리지 않는 것 같다. 물론 개중에 활동적인 사람이 주도되어서 회사에 몸담았던 모임이 재개되기도 한다. 그런데 생각보다 모임이 끈끈하지 않고 회사 돌아가는 소식이나 나누다가 헤어지는 등 내용이 빈곤한 모임이 되기 십상이다.

간혹 회사에서 친하게 지냈던 사람들과 만나서 식사라도 하고 정겹게 이야기를 나누면 좋겠다는 생각에 만남을 청하기도 한다. 그런데 정작 만나도 일 외에는 연결고리가 많지 않다 보니 시간이 지나면서 슬슬 서로를 피하게 된다. 그리고 현직에 있는 사람들도 바쁜데 자꾸 만나자고 하는 것도 부담스럽다. 내가 이미 퇴직한 상태이고 자존심도 생기다 보니 적극적인 만남이 이루어지기 쉽지 않다.

아무튼 일정 시간이 지나면 줄줄이 퇴직하게 돼서 조금만 찾아본다면 여러 지인과도 어울릴 기회가 생긴다. 문제는 막상 만나서 할 이야기가 없으니 만남 자체를 머뭇거리게 된다는 것이다. 또 그동안은 일과 연관되어 이야기가 끊이지 않았다. 그런데 한동안 집에서 건달 생활을 하다가 만나니 몇 마디 나누다 보면 이야기가 막혀버린다. 그리고 자잘하게 이야기를 이끌어갈 소재거리가 없으니 자연스럽게 거리가 생기게 된다.

결국은 허물없는 사람들과 자주 만나게 되고 취미를 같이하는 사람들과 많은 시간을 보내는 것이 훨씬 부담스럽지 않다. 그러니 오직 회사생활에 충실해서 취미 생활 하나 없이 생활했던 사람이라면 정말로 갑갑한 상황에 직면할 수밖에 없다.

나 같은 경우는 워낙 부지런히 움직이는 성격이다 보니 못 하는 운동이 없을 정도로 활동이 많은 편이다. 평소에도 회사 사람들은 거의 만나지 않는 대신 각종 취미 생활로 바쁘게 지내고 있어서 참 다행이라는 생각이 든다.

그리고 테니스를 치게 되면서 친구와 취미 생활도 함께 즐기고 있다. 그 외에도 골프, 테니스, 등산, 악기연주, 여행 등 친구와 함께하는 활동이 적지 않아서 심심한 날이 없을 정도다.

무엇보다도 사회 돌아가는 이야기를 나누기에는 역시 친구가 최고라고 생각한다. 힘들고 어려울 때, 정말 억울한 일이 생겨서 하소연을 하고 싶을 때, 끝까지 내 말을 경청해주고 들어주는 사람이 있어야 한다.

지금 진지하게 한번 생각해보라, 과연 퇴직 후에도 나와 같이 시간을 보내줄 친구가 몇이나 되는가를.

무자식이
상팔자

대학만 잘 나오면 멋진 인생을 보장받을 수 있다고 생각하는 나라가 이 지구상에 또 있는지는 모르겠다. 내가 성장해오던 시기에는 대부분이 대학만 가면 먹고사는 것의 문제는 해결된다는 확고한 신념을 가지고 있었던 것 같다. 물론 법대나 의대를 나온다면 끝내주는 미래가 기다린다는 것을 당연하다고 믿었다. 그래서 공부 좀 한다는 친구들은 고민할 것도 없이 법과와 의과를 최우선으로 지원했다. 거기서 성적이 부족해 낙방하면 본인의 적성과는 전혀 무관하게 먹고사는 것에 가장 유리한 과를 선택해서 재도전했다.

나는 공부를 썩 잘하지 못하는 편이었다. 더욱이 시골에서 태어났기에 휴일마다 농사일을 지어가며 학업을 병행해야만 했다. 나름대로 죽기 살기로 공부를 열심히 했음에도 불구하고 법대나 의과대학은 쳐다보지도 못했다. 아예 일찌감치 먹고사는 데 최고라고 하는 기계과를 선택해서 어렵사리 진학하게 되었다. 그래서 그런지 나는 지금도 4년 내내 적성에 맞지 않는 기계 도면을 그려내지 못해서 학점 미달로 대학을 졸업하지 못하는 악몽을 꿀 때가 있다.

대학 다니면서는 공부도 물론 했지만 때로는 최루탄으로 눈물을 흘리면서 시위 현장에 참여도 했다. 그리고 학우들과 어울려 다니면서 막걸리도 어지간히 마셔댔다. 졸업 후에는 어렵사리 취업도 하게 되었다. 처음에는 자재부에서 근무하다가 이후에는 해외영업부에서 일하게 되었다. 그나마 뒤늦게라도 내 적성에 맞는 직업을 가지게 되어 천만다행이라고 생각한다. 먹고 살기 위해서 본인의 적성보다는 튼튼하고 전망 있는 회사를 선택해서 직장생활을 하는 친구들도 주변에는 꽤 여럿 있었다.

모두 학점 따고 졸업하느라 고생은 했지만, 막상 졸업하고 나니 취직하는 일도 그리 쉽지 않았던 거 같다. 그래도 다 고만고만한 회사에 입사해 여우 같은 아내와 토끼 같은 아이들을 키워낸 것은 칭찬받을 만하다고 생각한다.

자식을 키우고 가르치는 그 투자 기간이 장장 30년은 될 것이고 오직 자식 하나만 잘 키우자는 생각으로 나의 모든 능력을 쏟아부었다. 그런데 투자금을 회수할 시점에 와서 살펴보니 투자에 차질이 빚어진 느낌이다.

요즈음은 자식에게 의지해서 살겠다는 사람은 아마 없을 것이다. 그래도 본전 생각이 난다. 그나마 자식이 취직이라도 하면 다행스러운 일이다. 자칫 잘못하면 취직도 못 하고 집에서 밥이나 축내는 자식이 된다면 이건 최악이다.

아직도 아내는 은근히 자식에게 뭔가 의지를 하려고 자주 통화도 하고 관심도 보인다. 내가 보기에는 십중팔구 푸대접을 하는 태도에 실망하는 적이 한두 번이 아닌 것 같다. 일찌감치 포기하고 우리 둘이 잘살자고 이야기한다. 그러나 엄마라는 모성애는 좀처럼 자식에 대한 미련을 포기하려 하지 않는다. 아마도 자기 배 아파 낳은 자식이다 보니 그 미련을 쉽게 버리지 못하는 것 같다. 하지만 그런 미련도 아들들이 장가를 가기 전의 이야기이다. 혹 며느리라도 얻게 된다면 내 자식이 어떻게 변할지는 예측불허다.

그러니 일찌감치 포기하자. 아이들은 자라나면서 이미 효도를 다 한 것이라고 말하지 않던가? 로또에 당첨되듯 자식의 효도를 기다리기보다는 일찌감치 자식 효도는 포기하고 살아가는 것이 신상에 좋다. 자칫 본전 생각이 나서 자식하고 거래를 시도했다가 예상치 못한 종말을 맞을지도 모를 일이다.

어머니가 살아계실 때 집안에서 자주 트러블이 생기는 일 중의 하나는 바로 시어머니와 며느리 간의 충돌이었다. 두 사람의 갈등은 나에게도 적잖은 골칫거리였고 사실 그 점은 나로서는 아직도 의문이 풀리지 않은 일 중의 하나이다.

시어머니와 며느리는 서로 다른 길을 살아왔고 모든 생활 습관과 사고가 다른 세대이니 갈등은 당연히 있을 수밖에 없다. 언젠가 며느리도 자녀를 출가시키면 시어머니가 된다. 그런데도 본인이 시어머니의 입장이 되기 전까지는 조금도 이해심을 넓히려 하지 않는다. 참으로 아이러니하다는 생각이 든다.

물론 내가 여자가 아니기에 여자들의 상황을 일일이 이해하는 것이 어렵다. 때로는 생각이 달라도 어쩌면 저렇게 다를까 경이로울 때도 있다.

지금은 세대가 달라져서 과거의 시어머니들처럼 며느리 시집살이를 시키는 일은 없을 것이다. 그러나 며느리 입장에서 시어머니의 입장이 될 아내의 생각은 분명하니 아내는 아들에 관한 주장을 할 수도 있으리라.

사실 내 자식조차도 나를 꼰대라고 취급을 하는데 하물며 남의 딸들이 며느리라는 이름으로 우리 집에 들어와서 살게 된다면 과연 트러블 없이 살 수 있을까 염려스럽다. 솔직히 요즈음은 아내의 심기를 살피며 살기도 쉽지 않다. 앞으로 며느리 눈치까지 보고 살아가게 될 것을 생각하니 눈앞이 캄캄하다. 자칫 부모의 입장을 주장하다가 어떤 불미스러운 일이 벌어질지 예상하기 어렵다.

그런데 솔직히 말해 아내가 걱정된다. 본인에게는 착한 며느리가 들어올 것이고 앞으로도 아들들이 자신에게는 잘해줄 것이라는 알량한 꿈을 접지 못한다. 그저 기회만 되면 자식에게 갖다주느라 야금야금 자금을 빼내어 간다. 우리 부부의 앞날에 빨간불이 켜진 듯하다. 자칫 잘못하면 나도 아내와 공동운명체로 지극히 불행한 노후를 보내야 할지도 모르겠다.

자식이 결혼 적령기가 되어가면서 결혼을 해도 걱정, 안 해도 걱정이다. 걱정은 좀처럼 떠나지 않는다. 부처님 부디 저에게 착하고 좋은 며느리를 보내주시길 비나이다.

자식은 대학을 졸업시키는 일도 쉽지 않은 과정이었지만 대학 졸업은 이제 겨우 시작에 불과하다. 그러니 정신을 똑바로 차려야 한다. 지금은 예전 같지 않아서 젊은이들이 직장을 찾는 것이 노인들이 일자리를 찾기보다 훨씬 어렵다.

현재 우리나라 실정은 자식이 성년이 되고 대학을 졸업했음에도 취직할 생각을 하지 않는다. 그저 먹고 놀면서 부모 곁을 떠나지 않는 젊은 세대가 수없이 많다고 한다. 앞으로 출가하지 않고 나이 40이 넘도록 집에서 버티고 있을 자식들이 오히려 집에 있는 나를 밖으로 나가라고 할 날들이 오지 않을까 걱정스럽다.

또 자식들이 손주를 낳으면 당연히 도맡아서 키워줘야 한다. 이 핑계 저 핑계로 도망다녔다가는 자식들과 담을 쌓고 사는 것을 감수해야 할 것이다. 게다가 지금은 우리 세대와 또 달라서 이혼을 별로 대수롭지 않게 여기는 시대가 되었다. 자식들이 장가를 가더라도 검은 머리가 백발이 되도록 살아가는 젊은 세대가 얼마나 될까? 그로 인해 발생되는 부작용의 뒷바라지는 대부분 부모가 다시 걸머져야 한다. 이 모든 닥쳐올 상황을 미리 단단하게 각오를 하고 준비를 해야지 나는 모르겠다고 내팽개칠 일이 아닌 것 같다

대학까지 졸업을 시키면 끝이라는 생각의 시대는 이미 옛날이야기가 되었다. 대학을 졸업하면서 본격적인 부모의 고생은 시작된다고 해도 무방할 정도다. 앞으로 자식 뒷바라지를 해야 할 일들이 산적해 있다는 사실을 잊지 말자. 건강을 잘 챙겨서 손주들 돌봐주다가

잘못했다고 잔소리를 듣지 않도록 하자.

젊어서 자식들 키울 때 돈이 제법 많이 들었듯이 아마도 손주를 돌보기 시작하는 순간부터 생활비가 예상보다도 적지 않게 지출이 될 것이다. 그러니 호주머니도 단단히 동여 매어놓고 유사시에 대비해두자.

내가 주인인가, 개가 주인인가?

성인이 되면 자기 밥벌이는 최소한 해결할 수 있는 능력을 갖추어야 한다고 본다. 그런 면에서 반려견처럼 자기 밥벌이를 확실하게 하는 동물은 흔치 않은 것 같다.

반려견은 전적으로 인간에게 많은 기쁨을 준다. 잠시 외출이라도 다녀오면 문을 열기 전부터 거의 실신을 할 정도로 주인을 기쁘게 맞이하는 모습은 저절로 미소 짓게 한다. 솔직히 그 누가 나를 저렇게 반기고 기쁘게 맞이한단 말인가? 일단 개한테 감사해야 할 것 같다.

중국에 주재하는 동안에 얼떨결에 강아지를 파는 상점에 들렀던 기억이 난다. 아이들 성화에 못 이겨서 하는 수 없이 강아지를 사서 길러볼까 하고 가격 상담을 시도했다. 너무 가격이 비싸기도 하고 막상 기를 걱정을 하니 번거로워서 고심 끝에 강아지 사는 것을 포기하고 상점을 나왔다. 그런데 인근의 다른 상점에 들러서 쇼핑하는 사이에 아이들이 없어졌다. 찾아봤더니 다시 그 가게에 가서 강아지 가격을 흥정하고 있는 것이었다.

결국, 두 아들이 중국에서 초등학교에 다니면서 갈고 닦은 중국어 실력을 발휘하여 주인이 처음에 불렀던 가격에서 거의 반값 정도로 흥정을 끝냈다. 애초 내가 사고자 했던 가격 보다 훨씬 싼 가격이 되었으니 안 산다는 핑계가 사라져버렸다. 그래서 어쩔 수 없이 강아지를 사기로 했다. 작은아들이 한 마리를 사니 큰아들도 사겠다고 떼를 쓰는 바람에 졸지에 흰색과 검은색 강아지 두 마리를 사서 집으로 오게 되었다.

그런데 하필이면 강아지가 모두 수컷이어서 우리 집에는 그날부터 아들 둘에 강아지 둘, 그리고 나까지 다섯 수컷이 말썽을 피우기 시작했다. 집안은 거의 전쟁터를 방불케 할 정도로 아수라장이 되어버렸다.

나야 출근하면 그만이지만 아내는 강아지 두 마리를 키우기 위해서 해야 할 일들이 갑자기 대폭 늘어났다. 특히 강아지 대소변을 처리하는 일로 골머리를 앓게 되었다. 더욱 문제가 되는 것은 아내가 집을 비우고 나갔다 오면 강아지 두 마리가 집안을 온통 다 헤집어 놓았다. 난장판이 되기 일쑤니 그야말로 집안이 개판이 되어버리고 말았다,

아마도 강아지들이 중국 가정집에서 기르던 반려견이어서 훈련이 잘 되어 있지 않은 탓도 있었다. 또 우리 가족도 반려견을 기르는데 초보라서 강아지들이 특히 말썽을 많이 피운 것 같다.

어느 날 며칠 집을 비우고 여행을 가야 하는 상황이 되었다. 그런데 이 말썽 많은 두 마리의 강아지를 어떻게 하고 가야 하나 고심거리가 되었다. 결국 개를 맡아주는 개호텔에 두고 여행을 다녀왔는데 그 비용이 만만치 않았던 것으로 기억된다.

강아지가 아프기라도 하면 의료보험이 안 되다 보니 동물병원 치료비가 사람 비용보다 두세 배나 더 많이 들어가는 일이 비일비재했다. 애초 구매했던 당시의 강아지 값보다 아마도 수십 배 이상은 관리 비용이 들어갔던 것으로 기억한다.

생각해보니 한 마리의 강아지를 키우는 수고나 어린아이 하나를 키우는 것이 거의 대동소이하다고 여겨진다. 반려견을 키우는 것은 아이들에게 정서적으로 많은 도움이 된다. 그러나 그 키우는 과정에서 오는 번잡함으로 인해서 집안이 정리가 안 되니 긍정적인 효과보다는 부정적인 효과가 더 많은 것이 사실이다.

그럼에도 불구하고 강아지를 키우면서 얻는 행복은 이 모든 수고로움을 다 지울 수 있게 했다. 슈퍼마켓에 가면 우리가 먹을 것보다 강아지 간식을 먼저 고르는 등 생활 패턴이 바뀌어버렸다. 집안에서 하도 이리저리 뛰어다니다 보니 침대고 소파고 집 안 구석구석에 개털이 쌓여서 기관지에도 아주 안 좋은 영향을 미친 것 같기도 하다. 그래도 잠잘 때가 되면 아들들보다도 강아지들이 먼저 침대에 쏙 들어가 있다. 한 놈은 잠잘 때 사람처럼 다리가 하늘을 향해 누워 자는데 그 모습을 보고 있노라면 나도 모르게 웃음이 나온다.

또 여유 있게 강아지를 데리고 산책을 하는 모습은 상상만 해도 즐겁고 행복한 모습이다. 그런데 우리 집 강아지들은 도무지 나와 보조를 맞추려고 하지 않았다. 강아지가 산책하는 것인지 강아지가 나를 끌고 산책을 시키는 것인지 도무지 구분되지 않는 것이다. 그러니 강아지를 데리고 산책하는 분위기가 그리 낭만적이지 못했다. 강아지를 밖으로 데리고 나가면 어느새 다른 집 강아지들과 뒤섞여진다. 그야말로 산책은커녕 두 놈이 뒤섞여서 뒹구는 통에 개판이 되고 마는 것이다.

세월이 흘러서 강아지들과 우리 가족의 생활환경을 곰곰이 들여다보니 내가 주인인지 강아지가 주인인지 좀처럼 구분되지 않았다. 일정 시간이 더 흐르게 되면 주인이 완전히 뒤바뀌어 있음을 인정하게 될 것이다.

TV에 나오는 귀여운 반려견을 보면 누구나 한번쯤은 데려다가 길렀으면 하는 마음이 들겠지만 나는 한 마디로 NO다.

일단 한번 데리고 오면 강아지의 순수한 눈빛으로 인해서 좋든 싫든 어쩔 수 없이 강아지가 집주인이 되는 상황이 될 것을 잘 알기 때문이다. 결국은 강아지가 노환으로 죽음에 이를 때까지 지속해서 같이 갈 수밖에 없는 억지 춘향의 삶을 살아야 한다. 내 개인적인 소견으로는 강아지를 가까이한다는 것은 심각하게 고심을 하고 데려오는 것이 필요하다고 본다.

나이가 들어서 자식들도 출가하고 나면 쓸쓸함을 달래기 위해서 강아지를 키우고자 하는 생각을 하게 된다. 집이 단독주택이고 밖에서 기를 수 있는 환경이라면 기르는 것도 권장할 만하다. 그러나 아파트는 강아지를 기르는 일이 즐거움보다는 그로 인한 스트레스가 훨씬 많다는 사실을 참고했으면 한다.

아무리 강아지가 귀엽고 예쁘지만 그래도 집안의 주인은 내가 되어야 하지 않겠는가?

에브리바디
동네 아저씨!

회사생활에서 사장 직급과 부장 직급은 감히 비교조차 할 수 없는 거리가 있다. 하지만 막상 회사 밖을 나와 사회에서 만나보면 사장이건 부장이건 퇴직을 한 이후에는 그저 똑같이 동네 아저씨일 뿐 그 이상도 이하도 아닌 것 같다.

가끔은 퇴직한 지 수년이 지났음에도 현직 시절의 직급을 버리지 못하고 권위적인 행동을 하는 친구들이 있다. 그런 친구들은 스스로 무덤을 파는 것과 같아 주변 사람들에게 곧 왕따를 당하게 되어 있다.

그들은 한결같이 그러고자 의도한 것은 아니라고 말한다. 무의식적으로 오랜 기간 직장생활로 인해서 몸에 밴 행동거지를 고치기가 어렵다고 한다. 본인들도 다 알고 있지만 좀처럼 고치기가 어렵다고 고충을 토로한다.

이처럼 오래도록 회사생활을 한 경우 오히려 사회 적응이 늦어질 수 있다. 집중력도 예전 같지 않아서 많은 일에서 어려움을 겪게 된다. 그래서 나는 기왕에 회사를 그만두려거든 과감하게 하루라도 빨리 싱싱한 몸과 마음을 갖고 있을 때 퇴사를 선택하기를 권한다. 좀 더 알찬 노후를 이끌어가는 편에서는 훨씬 현명한 선택이라고 생각한다.

퇴직 후 여기저기 기웃거리면서 사람 사는 모습들을 바라본다. 나는 그동안 참으로 우물 안 개구리와 다름없는 생활을 해왔다는 사실이 새록새록 느껴진다.

평일에는 열심히 일하고 해가 진 후 집을 찾는 습관이 철저하게 몸에 배어 있다. 그래서 퇴직 후에는 일없이 소일하는 게 난이도 높은 시험 문제를 마주하고 있는 것 같다.

그런데 문제는 시간이 많이 남아도 자유롭게 자기의 생활을 이끌어가지 못한다. 수십 년간 나무에 묶어둔 코끼리가 풀어주어도 멀리 도망을 가지 못하는 것처럼. 우리 역시 코끼리와 다를 바가 하나도 없는 것 같다.

목줄을 풀어주면 온 세상 어디라도 신나게 다니겠다고, 평생 직장 생활을 하면서 수백 번 다짐했다. 그런데 막상 때가 되어 자유의 몸이 되자 너무 불안해서 햇빛을 보면 움츠러드는 박쥐 인생에서 벗어나지를 못한다. 용기를 내서 세상을 향해 발걸음을 내딛어도 마음이 즐겁지 않으니 도대체 무슨 연유인지 모르겠다.

어차피 사장으로 그만둬도 경로당에 갈 수 있는 나이도 아닌지라 뭔가 새로운 생활에 적응해나가야 한다. 그런 의미에서 오히려 부장으로 퇴직한 사람이 훨씬 유리한 입장으로 노후를 경주하게 되는 것이다. 그러니 권고사직 당한 것이 오히려 감사할 일이다.

이제부터 본격적인 잘살기 게임이 시작되는 것이다. 이 경기는 나이를 구분해서 하는 경기 규칙이 있는 것도 아니다. 무게를 달리해서 급수를 차별하는 신사적인 게임의 법칙이 있는 것도 아니다. 다만 아무런 준비 없이 본격적으로 게임이 시작된다.

어찌 보면 무식한 게임이기도 하고 한편으로는 아주 공평한 게임이 아닌가도 싶다. 왜냐하면 조금 일찍 나오면 젊고 패기가 넘쳐 아직 힘이 솟고, 나중에 나온 사람은 재정이 좀 튼튼하겠지만 다리에 힘이 많이 빠졌을 것이다.

그러니 퇴직하지 않고 직장생활을 지속하는 것이 반드시 좋다고만 할 수도 없는 것 같다. 물론 먹고 살기 위해서 무조건 노동을 해야 한다면 예외다. 어느 정도 생계유지가 가능한 상태라면 조금 더 직장생활을 지속하면서 시간을 돈으로 바꾸는 것보다는, 어서 빨리 내가 주인인 인생을 설계하는 데 시간을 투자하는 것이 경주에서 앞설 확률이 더 높다고 본다.

자, 이제 다 같이 사장이다. 누구는 정 사장, 누구는 박 사장, 또 누구는 김 사장 등등. 그러나 내가 만약 박항서 감독이라면 부장직급으로 퇴임한 사람을 주전으로 뛰게 할 것 같다.

즐기면서
돈 버는 법

대기업에서 사장까지 역임하고 퇴임한 어느 선배는 새벽 일찍 회사에 출근하는 습관이 몸에 배어 있다. 그는 퇴직한 지 꽤 오랜 시간이 흘렀음에도 네 시만 되면 동네 뒷산의 약수터에 가서 물을 떠 온다. 터덜터덜 배낭 메고 등산하는 것 외에는 특별히 다른 취미도 거의 없다.

현직에 있을 때도 국가대표의 축구 경기가 빅 이벤트여서 회사 내에서 다 같이 시청한 적이 있었다. 축구선수가 퇴장을 당하니까 몇 분 있다가 다시 들어오는가 하고 묻던 분이었으니 다른 취미를 갖고 계실 리가 만무하다. 주변 사람들과도 원만한 관계를 형성하지 못하고 오로지 회사에서 앞만 바라보며 진급에만 목을 매었다. 윗사람 비위 맞추기에만 몰두하다가 퇴임했으니 주변 지인들과 뭐 그리 좋은 관계를 형성할 수도 없었을 것이다. 결국 퇴임 후 회사에서 함께 근무했던 몇몇 사람들에게 골프를 치러 가자고 주말만 되면 졸라댄다는 이야기를 듣기도 했다.

골프라도 멋지게 친다면 마지못해서라도 함께 칠 의향이 있지만 대부분 그런 부류의 사람들은 골프 치는 예의도 썩 바르지 않다. 어디서 희한한 폼을 배워서 골프를 치다 보니 공이 잘 뜨지도 않고 거리도 짧아서 좀처럼 즐거운 라운딩을 느끼기가 힘든 처지다. 그러니 함께 라운딩하겠다고 선뜻 나서지 않는다.

앞에서 누차 강조한 부분이지만 뭔가 취미 생활을 즐기려면 젊어서부터 열심히 배워야 한다. 그래야 나이 들어서 어느 정도 실력을 갖추게 되고 주변 사람들과 같이 어울리는 일이 가능하다. 늦게 배워서 겨우 필드에 나갈 정도면 다음부터는 다시 같이하려 들지 않을 것이다.

테니스도 참 좋은 운동이기는 하지만 어느 정도 실력 없이 테니스장에 가면 얼마나 서러움을 당하는지 당해보지 않은 사람들은 잘 모른다.

대한민국 동호회 대부분이 자기들의 개구리 시절은 까맣게 잊어버린다. 새로운 신입회원이 같이 좀 치자고 하면 얼마나 홀대를 하고 서러움을 주는지, 아마 한두 번쯤 겪어본 일이 있을 것이다. 하물며 나이가 들어서 잘 뛰지도 못하면서 같이 좀 놀아달라고 하면 당해야 할 서러움이 적지 않다. 물론 안면몰수하고 들이대는 사람도 있지만 곧바로 왕따를 당하기 일쑤다. 그런 서러움을 한번 당하고 나면 속에서 열불이 나서 스스로 포기하게 된다.

어쩌겠는가? 내가 잘하지 못해서 상대방이 놀아주기 싫다고 하는데 다른 방법이 없지 않은가? 이러한 현상은 거의 모든 커뮤니티에서 발생을 하기에 나이가 들어서 새로운 것을 배워서 참여하기란 여간 힘든 과정이 아닐 수 없다.

그러기에 되도록 한 살이라도 젊어서 이것저것 노후를 위해서 많은 취미를 접해야 한다. 그래야 어느 정도 수준을 끌어올릴 수 있고 그나마 설움을 덜 받고 동호회 일원으로 즐길 수 있다. 퇴임 후 환갑이 지난 연세에 접근하려면 접근도 쉽지 않을 뿐더러 몸이 말을 제대로 듣지 않는다. 실력이 좀처럼 향상되지 않고 또 서러움을 극복하겠다고 무리하게 덤벼들다가는 몸의 어디선가 이제 그만하라는 신호가 감지된다.

색소폰 동호회의 경우 나이가 들어서 악기를 배우다 보면 좀처럼 실력이 향상되지 않는다. 진전이 없다 보면 대부분 2~3년 안에 그만두든지 아니면 색소폰을 연습하러 가서는 정작 막걸리만 마시고 수다만 떨다 돌아오는 경우도 허다하다. 그리고 그런 회원은 조만간 주인장이 다른 회원의 분위기를 고려해서 강제로 퇴출시켜버린다. 결국 인생 막장을 맛보게 되는 것이다. 그러니 노후를 즐겁게 보내기 위해서는 잘 노는 것을 미리미리 연구해서 내 것으로 만드는 것이 중요하다. 돈 싸 들고 찾아다니면서 쩔쩔매지 말고 젊을 때 과감히 투자해서 다 같이 웰빙하는 사회에 동참을 할 수 있도록 사전 준비를 철저히 하자. 놀면서 돈 버는 법이 따로 있겠는가? 잘 노는 것이 돈 버는 것이다.

돈을 잘 쓰는 것도 능력이다

노후를 잘 보내기 위해서 가장 중요한 것은 바로 돈이라는 사실은 부인할 수 없는 현실이다. 그렇다고 돈만 있다고 재미있게 잘살 수 있는 능력이 나에게 있는지 의심스럽다.

사람은 대단한 집중력으로 열심히 돈을 벌고, 또 돈을 버는 데 나름대로 노하우도 가지고 있다. 그러나 막상 돈을 잘 쓸 수 있는 능력을 갖춘 사람은 과연 얼마나 될까 싶다. 나는 일단 돈을 벌고 보자는 생각이었고 아직도 원하는 만큼의 돈은 다 벌지 못했다. 물론 앞으로도 내가 계획했던 정도의 돈은 아마 다 벌어보지 못하고 죽을 소지가 다분하다.

사실 어느 정도 쓸 돈이 있음에도 돈을 쓸 수 있는 능력이나 쓰고자 하는 생각보다는 일단 모아놓겠다는 생각이 강했다. 자칫 그 쓰임새가 건강을 해치거나 정상적인 생활에 지장을 초래하고 심지어는 가진 돈을 허망하게 잃어버리는 경우를 종종 목격했기 때문이다.

돈을 모으는 능력보다 더 중요한 것은 어떻게 하면 돈을 잘 쓸 수 있는가이다. 하루아침에 돈을 쓰는 능력이 생기는 것은 아니다. 막상 돈이 내 수중에 주어진다 해도 돈의 노예가 아닌 주인으로서 윤택한 생활을 선택할 수 있는 사람은 극히 소수일 것이다.

반면 외국인의 경우는 어느 정도 재산을 형성하게 되면 가진 돈을 죽기 전까지 어떻게 하면 다 쓰고 죽을 수 있을 것인지에 대한 사고와 준비가 잘 되어 있다고 한다. 그래서 어느 정도 재산이 모이면 과감하게 회사를 그만두고 본인이 원하는 일들을 선택하는 것이 일반화되어 있어 그 모습이 부럽기도 하다.

결국, 인생을 즐겁게 살기 위해서는 어떻게 하면 된다는 나름의 계획이 철저하게 수립이 되어 있어야 한다. 간혹 부모를 통해서도 행복하게 살기 위한 여러 가지 방법을 배운다. 그래야 퇴직 시점에서 자연스럽게 자기가 하고 싶은 일을 선택하게 되고 편안하게 노후를 즐길 수 있는 것 같다.

노후를 즐길 수 있는 능력도 사전에 많은 시간을 가지고 사전 준비를 해야 가능하다. 나이가 들면 하고 싶어도 할 수 없는, 이미 때를 놓친 일들이 대부분이다. 그래서 외국에서는 조기 퇴직을 하고 더 늙기 전에 본인이 하고자 했던 일들에 몰두한다.

내가 참여하고 있는 거의 모든 모임은 같이 모여서 술 한잔하면서 이야기를 나누는 것이 대부분이다. 술을 좋아하지 않는 사람들의 경우 그 자리가 오히려 지루하고 고통스러운 자리가 되는 경우가 허다하다. 그나마 일차로 마무리가 되면 좋으련만 이차 삼차까지 이어지는 통에 고난의 모임이고 만남 자체가 이미 많은 부담이 되는 것이다.

우리나라의 경우 술은 대부분 소주를 즐긴다. 안주 또한 그와 걸맞은 분위기로 갈 수밖에 없고 비교적 짜고 매운 음식들이 주를 이루고 있다. 따라서 술은커녕 안주가 받지 않아서 고생하는 경우도 있다.

술도 나이가 젊으면 이것저것 가리지 않고 신나게 마시고 또 마시면서 즐거운 밤을 새울 수도 있다. 그러나 기력이 쇠잔해가면서 한번 마시면 다음 날까지 고생을 피할 수 없게 된다. 결국 모임에 참석하는 횟수도 조금씩 줄어들게 된다. 가뜩이나 친구가 줄어드는데 급격히 주변 친구들과의 관계가 멀어지게 될 수도 있다.

따라서 노후에 잘사는 방법에 대해서 충분한 시간을 가지고 준비를 하지 않으면 어쩔 수 없이 술자리나 쫓아다니다가 건강만 해치는 결과를 피할 길이 없게 된다.

노후를 미리미리 준비하면서 산다는 것이 절대로 쉬운 일은 아니다. 단 한 살이라도 젊었을 때 차근차근 준비한다면 우리의 노후가 한층 윤택한 삶이 되지 않을까 한다.

언제쯤 원하는 정도의 돈을 모을 수 있을까? 그리고 얼마나 모아야 만족을 하고 살 수 있을까? 중요한 것은 모은 돈을 새나가지 않게 잘 지키는 것이다. 그렇다고 꼭 써야 할 곳에 아까워 쓰지 못하는 쫄보는 되지 말자. 쓸 때는 과감히 쓰고 살자. 그것이 바로 돈을 잘 쓰는 능력이다.

나랏돈은 먼저 쓰는 놈이 임자다

내 나라 대한민국이 진정 잘사는 나라가 맞는가?

날이면 날마다 하도 많은 복지정책이 쏟아지고 그 내용을 다 파악하기조차 힘들 정도이니 분명 부자 나라가 맞는 것 같기는 하다.

국회의원선거 공약 중 어느 소수 정당 후보는 18세 이상 국민에게 평생 150만 원씩 주겠다, 또 코로나 극복 비용으로 18세 이상 모든 사람에게 1억 원씩 나누어주겠다는 벽보를 내걸기도 했다.

분명 내 나라 대한민국은 부자 나라가 틀림없는 것 같다. 빚을 많이 진 사람들은 걱정하지 말고 어서 빨리 동사무소로 찾아오라는 문구와 선전이 난무하고 있다. 열심히 사는 순수한 젊은이들조차 모든 것을 정부에서 책임질 것이라는 굳건한 믿음을 갖게 된다. 국회의원 선거에서도 청년에게 무엇인가를 해주겠다는 내용을 보고 표를 주겠다는 인터뷰 내용을 듣고 나니 등골이 오싹해진다.

물론 나라가 부유하다면 생활 형편이 어려운 사람들에게 여러 가지 복지정책을 써서 다 같이 잘사는 나라를 만드는 것은 누구나 동의하는 바이다. 그렇다고 지금처럼 오직 포퓰리즘(대한민국에서 포퓰리즘은 구체적인 재원 마련보다 인기를 끌기 위해서 마치 정치인들이 선심 쓰는 것처럼 보이게 하는 공약)에 얽매어 표를 돈 주고 산다는 인상을 주어서는 안 된다.

특히 젊은 사람에게는 열심히 노력하고 경쟁해서 행복한 삶을 일구겠다는 마음을 심어줘야 한다. 그냥 놀아도 정부에서 지원해준다면 무슨 일할 맛이 나겠는가? 괜히 열심히 일하는 젊은이들에게 좋지 않은 영향을 줄 것이 뻔하다.

경제가 잘 돌아가면 일자리가 생겨나고 소득이 증가하면 소비도 저절로 증가하게 된다. 따라서 당연히 장사도 잘되리라는 것은 전문 경제인이 아니어도 알고 있다. 그런데도 국민들에게 세금을 펑펑 걷어서 일단 쓰고 보자는 식의 정치를 하고 있다. 이 정도의 나라 살림은 차라리 통장이 하는 것이 효율적이지 않겠는가? 모자라면 걷으면 되니 말이다.

집값을 잡는다고 큰소리를 치더니 젊은 청년들이 이제는 서울의 아파트를 사고자 하는 마음을 언감생심 가질 수 없게 만들었다. 그리고 이제 와서 다 같이 강남에 살 필요가 있느냐고 말을 돌려서 한다.

또 전에는 세금이 무서웠는데 지금은 건강보험료 올라가는 소리에 깜짝깜짝 놀란다. 하루가 멀다 하고 건강보험료가 올라가니 경기驚起할 정도로 부담을 주는 요인이 되어버렸다. 앞으로 어디까지 건강보험료를 올려댈지 모를 일이다.

어렵고 병약한 분들은 당연히 나라에서 지원과 관심을 가져야 한다. 그러나 지금처럼 현금을 마구잡이로 살포하는 세상에서는 못 타 먹는 나만 바보가 된 느낌이다.

요즈음은 누구나 먼저 정부 돈을 보는 놈이 임자다. 세금만 열심히 내지 말고 어떻게 하면 나랏돈을 공짜로 먹을 수 있는가도 고심해야 한다. 더불어 세금과 의료보험을 어떻게 하면 덜 낼 수 있는가도 특별히 연구하면서 살아야 겨우 생존할 수 있는 시대가 되었다. 마음이 안타깝다.

아들놈에게 열심히, 성실하게 살라는 이야기를 하기도 껄끄럽다. 이제는 나라 공돈 타 먹는 기술도 좀 배우라고 권해야 좋은 아빠가 될성싶다.

나는 한평생 세금을 안 내고 살아본 적이 없을 정도로 성실한 납

세자로 살아왔다. 그런데 요즘 분위기는 세금을 내는 사람이 바보인 것처럼 보일 정도로 한 푼의 세금도 내지 않으면서도 떵떵거리면서 큰소리를 치는 사람들이 부지기수다.

아니 오히려 세금을 내지 않는 것이 무슨 잘하는 행동인 양 생각한다. 세금을 한 푼 안 내고도 대한민국 사람의 권리만 주장하고 나랏돈을 자기 호주머니 돈으로 여기는 사람들이 넘쳐난다. 그러나 세금도 한 푼 안 내는 사람들이 무슨 이 나라 국민의 자격이 될 수 있겠는가?

일도 열심히 하고 세금도 성실하게 납부를 해야 나라가 튼튼하게 발전하고 그만큼 복지혜택도 확대되는 등 진정한 살기 좋은 부강한 나라가 되지 않겠는가?

알부자로 세상을 사는 법

평생 하루도 빠지지 않고 돈 걱정을 해왔지만, 아직도 진행형인 것이 바로 돈에 대한 걱정이다. 얼마나 시간이 지나야 돈에 대한 걱정을 끝낼 수 있을까마는 아마도 돈에 대한 인간의 욕심은 죽어서야 끝날 듯하다.

이제 나이가 들면서 더는 돈을 벌기가 힘든 상황이 되니 하는 수 없이 돈에 관한 생각을 조금씩 바꾸어 가고는 있다. 그래도 아직은 돈이 최고라는 데는 큰 이의가 없는 것이 솔직한 내 마음이다. 죽을 때까지 걱정해봐야 바람직한 결과를 얻을 것 같지도 않다. 그래서 이제부터라도 돈에 대한 걱정을 조금이라도 덜하고 살 수 있도록 노력하면서 살고 싶다.

젊어서야 부자라는 의미는 당연히 돈이 많아야 한다는 것에 이의를 달지 않았다. 어찌 되었든 돈이 있어야 모든 면에서 살아가는 데 불편함이 없기 때문이다. 그러나 나이가 들어가면서 언제부터인지 돈은 부자 조건의 우선순위에서 슬금슬금 뒤로 물러나는 느낌이다.

마음이 부자여야 한다는 이야기도 있고 착한 배우자가 곁에 있어야 행복하다고도 한다. 또 자식이 없는 것이 팔자가 좋다고도 하고 친구와 취미가 많아야 행복하게 잘살 수 있다고도 한다. 모두 맞는 소리다. 나의 기준으로 진정한 부자를 논하라고 한다면 최우선 순위에 건강한 사람을 진정한 부자로 꼽고 싶다. 건강 중에서도 특히 근육이 튼튼한 사람이 알찬 부자이지 않나 싶다.

어머니가 정말 건강하게 살아오시다가 90이 다 되어서 생을 마감하셨다. 곰곰이 살펴보면 결국 어머니가 스스로 자신을 제어하지 못한 근본적인 원인은 근육에 있었다.

일단 걷는 것이 조금씩 힘들어지시면서 건강이 급격히 악화하는 과정을 겪으셨다. 급기야 더는 걸을 수 없는 상황이 되셨을 때는 뒷일도 스스로 처리하기 어려운 상태셨고 이후로 아주 단시간에 무너

져 내리셨다.

주변에서 아직 활동하시는 분들을 하나하나 살펴보면 잘 걸으시는 분과 그렇지 못한 분이 있다. 결국 잘 걷지 못하는 분은 조만간 여러 가지 합병증으로 건강이 악화될 가능성이 크다. 그래도 아직은 멀쩡히 걷고 활동을 하시는 분들은 100세 인생을 사실 가능성이 많은 것 같다.

일단 한번 망가지기 시작하면 그로 인해서 무릎 관절과 엉덩이 관절 등으로 연결이 된다. 활동이 적어지면서 결국 가지고 있던 근육이 순식간에 타서 없어지다 보니 상황이 급격히 좋지 않게 변한다.

근육은 만들고 관리하기가 어렵다. 그리고 운동을 하지 않게 되면 순식간에 타버린다. 근육은 나이가 들어서 노력을 한다고 하루아침에 만들어지는 것이 아니다. 최대한 가지고 있는 근육을 오래 버틸 수 있도록 지켜야 한다. 어찌 되었든 내 발로 최대한 오래 걸을 수 있도록 꾸준한 운동을 통한 관리가 필수적이다.

내가 내 의지대로 걷지 못하게 될 때 얼마나 삶의 질이 떨어지겠는지 상상해보라. 아마 거의 모든 것이 끝난다고 해도 과언이 아닐 것이다.

말로만 자식한테 우리 신경 쓰지 말고 너희나 잘살라는 이야기를 한다. 그러나 말보다는 자신의 실천이 더욱 중요하다. 따라서 다른 무엇보다도 다리의 근육 관리가 진정한 부자임을 강조하고 싶다.

연세가 80이 넘으신 어르신께서 테니스 레슨을 받으시겠다고 하시는 모습을 보면서 나 자신도 많은 반성을 한 적이 있다. 어쩌면 그 분이야말로 진정한 알부자가 아닐까?

65세에 노인 연금을 주는 이유

노인의 기준은 1889년 독일의 비스마르크가 사회주의의 확산을 막기 위하여 사회보험제도를 도입할 때 노령연금을 받을 수 있는 기준을 65세로 정한 것이 시초가 되었다. 이후 미국이나 UN에서도 이 기준을 받아들였고 우리나라도 이를 따랐다.

비스마르크 시대의 독일인 평균 수명은 49세였으나 사회복지시스템을 위하여 여유롭게 65세를 기준으로 잡았다고 한다. 우리나라의 경우에도 1970년에는 기대수명이 61.9세였으나 지금은 81.9세까지 올라 기준의 개선이 필요하다는 목소리가 높아지고 있다.

현재 우리나라 노인 연령 기준은 상황에 따라 다르게 적용되고 있다. 가령 주택연금 가입 연령 60세, 임플란트와 틀니지원 65세, 국민연금 받는 나이 62세, 지하철 무임승차와 무료고궁 등 복지혜택은 대부분 65세 이상이다. 또 아파트 분양 땐 기준이 달라 65세를 넘어야 노부모 특별공급 대상이며 자녀청약 때는 주택 인정을 60세로 하고 있다. 한 마디도 들쭉날쭉이다.

이런 일이 발생한 이유는 지난 2019년 대법원이 육체노동자의 가동 연한(사람이 일을 해서 소득이 발생할 수 있는 최후 연령)을 60세가 아니라 65세로 보는 게 맞다는 판결을 내리면서부터다. 이후 정년 연장과 노인 기준 변경 논의가 여러 분야에서 쟁점화되었다.

그러나 대부분 근로자가 일하는 사기업과 공기업에서 정년은 법정 정년을 60세로 정하고 있다. 문제는 연금 지급 시기가 정년에서 점점 멀어지고 있다는 점이다. 대표적 노후연금인 국민연금은 62세부터 지급되기 때문에 2년간 소득 공백이 발생한다. 게다가 이 공백 기간은 2033년까지 점진적으로 5년이나 벌어지게 된다. 국민연금 수급 개시 연령이 점차 65세로 상향되기 때문이다.

나는 생활이 궁핍해서 그런가, 아니면 더 빨리 어른 대우를 받고 싶어서인가? 어서 빨리 시간이 지나가서 노인 연금대상이 되었으면 좋겠다. 사실 내 마음은 아직도 청춘인데 노인 연금을 주겠다고 하니 다소 미안한 마음도 있기도 하다.

어쩌다가 나이 드신 분들이 출연하는 아침방송을 보면 가슴에 달아놓은 이름표의 나이와 얼굴을 관심 있게 쳐다보고는 한다. 요즘 세상은 다 젊게 살아서 한결같이 나이보다 젊어 보인다.

가끔 페이스북을 통해 주변의 변화된 모습을 접하기도 한다. 사진들을 보면 모두 젊고 잘살고 있다는 생각이 든다. 그러나 중요한 것은 자신이 먹은 나이를 인정하고 노인 연금을 타든 전철을 공짜로 타든 현실을 냉정하게 받아들여야 삶이 덜 피곤해진다는 사실이다.

세상의 기계제품도 영원히 썩지 않고 지속해서 쓸 수 있는 물건은 없다. 모든 것은 유효기간이 있게 마련이고 인간이라는 존재도 벗어날 수 없다. 물론 사람에 따라서 약간의 차이는 있을 수 있지만 그래봐야 '도토리 키 재기' 정도일 것이다.

100년을 살았다고 가정을 해도 80과 100 차이가 이 거대한 자연에 비하면 비교할 수 없이 작고 비교할 가치도 없다고 생각한다.

오늘은 너 내일은 나 하면서 열심히 살다가 앞서거니 뒤서거니 하면서 저세상으로 다 같이 떠나가는 것이 자연의 섭리인 것을 죽기 전까지도 깨닫지 못한다. 아니 죽어가면서도 내가 왜 죽어야 하는가 하고 억울해한다면 인간이라는 존재가 참으로 우매하고 바보스럽다는 생각을 지울 수 없다.

제일 아름답게 늙어가는 모습은 나이에 걸맞은 모습으로 늙어가는 모습이고 나이에 걸맞게 하고 다니는 사람들이 가장 아름답다는 생각이 든다.

물이 흐르듯 살아가는 삶이 현명하고 행복한 삶이다. 세상이 모두 노인 대우를 해주면 거기에 맞게 멋진 노인으로 쿨하게 인정하고 살자. 노인만의 아름다운 모습으로 너그럽고 여유 있게 자기 자신을 꾸며가는 삶이 바람직한 것 같다.

나라에서 노인 연금을 주는 이유를 곰곰이 생각해서 이제부터는 좀 더 신중하고 점잖게, 나이에 걸맞게 사시라는 의미로 알면 될 듯하다. 자연과 같이 호흡할 수 있도록 깨달음을 위한 정진에도 힘을 쓰고 세상 모든 것에 감사하는 마음으로 나이 듦을 고맙게 받아들일 때 65세 노인에게도 향기가 나지 않을까?

나 자신이 지금 어디까지 와 있는가를 잘 이해하고 그에 합당한 생각과 행동을 하고자 노력하는 모습이 가장 아름다운 모습일 것이다.

제3장

슬기로운 인생 후반전 살기

사람들과 어울리고 머리를 많이 쓰자

사람들과 어울려 즐거운 시간을 갖고 교류를 하는 것도 질 좋은 노후를 보내는 방법 중 하나다. 평소 성격이 좋아서 주변에 사람이 많으면 좋겠지만 내성적인 성격이라면 잘 어울리지 못할 수도 있다. 물론 잘 모르는 사람들과 어울리기가 쉬운 일은 아니다. 더더욱 소소한 잡담을 좋아하지 않는 사람에게는 고역이 될 수도 있다. 그러나 다른 사람과 친해지고 싶으면 일단 무슨 말이든 대화를 나누어야만 한다. 의외로 사람은 처음에 말을 트기가 어려워도 곧 친해질 수 있고 몇 마디 말을 나누다 보면 공통분모를 찾을 수 있다.

미국의 유명한 정치가이자 학자인 프랭클린은 타인보다 뛰어난 모습을 보여주는 것보다 타인보다 한수 아래임을 보여주는 게 이득이라고 말했다. 그는 그렇게 젊은 날부터 자신의 행동을 고치려 많은 노력을 했다고 한다. 이처럼 사람과의 교류에도 예의를 지켜서 무조건 내 이야기를 하기보다 많이 들어주는 쪽이 더 편하게 느껴지고 친근하게 생각될 수도 있다.

중요한 것은 가까이 지내는 지인이든, 아니면 오늘 처음 보는 사람과 대화를 나누든 진실하게 대하는 자세가 필요하다. 의외로 세상에는 좋은 사람들이 많아서 짧은 시간에 서로를 찾는 친구가 될 수 있다.

또 머리를 많이 쓰는 것은 정신건강에도 좋지만 치매 예방에도 아주 좋다. 특히 숫자 퍼즐 게임이나 가로 세로 낱말 맞추기, 짧은 디지털 게임 등 두뇌 자극 활동을 하면 효과를 볼 수 있다. 뇌는 쓰지 않으면 그 무게까지도 줄어든다고 하니 뇌의 노화를 막으려면 머리를 많이 써야 한다.

매일 신문을 읽거나 글을 쓰는 것, 혹은 관심 있는 분야를 연구하는 것 등 피곤하지 않을 정도로 뇌를 쓰는 것이 바람직하다. 또 좁은 울타리 속에 파묻히지 않기 위해서는 늘 세상 돌아가는 일에 대하여 호기심을 가지고 여러 사람들과 이야기를 나누는 것도 도움이 된다.

때로는 멍 때리며 뇌를 쉬게 하는 것도 필요하지만 뇌를 쉬게 하면 뇌세포가 점점 죽어간다고 하니 하다못해 고스톱이라도 치는 것이 훨씬 낫다.

나이가 들면 단순한 건망증에도 치매가 아닌가를 걱정하게 된다. 가령 불에 냄비를 올려놓고 태워 먹거나 자동차 열쇠를 두고 나가는 것, 핸드폰을 손에 들고 핸드폰을 찾는 것 등이 있는데 이런 경우는 단순한 건망증이다. 그런데 계단을 오르내리다 실수로 넘어졌는데 올라가다 넘어졌는지 내려가다 넘어졌는지를 모르면 치매 단계다.

치매 초기에는 의심 증상이 오고, 화를 잘 내고, 금방 물어본 걸 또 묻고, 자주 다니던 길이 낯설어진다고 한다. 요즘은 증상에 따라 치매인지 아닌지를 간단히 검사하는 기능도 있으니 의심이 들면 한번 검사를 해보는 것도 나쁘지 않을 듯하다.

그리고 명상을 하는 것도 도움이 된다. 2개월 동안 하루에 12분 정도 명상을 한 결과, 노인들의 혈액 순환이 개선되는 것으로 나타났다는 글을 읽은 적이 있다. 명상을 하면 뇌로 가는 혈액의 흐름이 좋아지고 인지 테스트 결과가 명상을 하지 않은 사람에 비해 훨씬 나은 성적을 거둔다고 한다. 또 명상은 스트레스를 낮추고 감정과 기분을 조절하는 효능도 있으니 시간을 정해놓고 명상해보기를 권한다.

햇볕을 많이 쬐는 것도 건강에 이롭다. 비타민D를 증가시키면 뇌에 아밀로이드반(노인반)이 깨끗하게 제거된다. 아밀로이드반은 알츠하이머병에 걸린 사람의 뇌에 특징적으로 나타난다고 한다. 비타민D를 얻는 가장 손쉬운 방법은 햇볕을 쬐는 것이다.

이렇게 사람들과 어울리고 즐거운 시간을 보낸 후 집으로 돌아온다면 숙면을 취할 수 있고 결과적으로 건강한 삶을 살아가는 데 여러 가지로 도움을 받을 수 있다.

좋은 취미 생활을 찾아 즐기자

회사생활을 하는 동안에는 노동 강도가 세고 정신적으로도 힘들었던 기억이 대부분이다. 솔직히 대외 활동은 그다지 많지 않았던 생활을 하다가 그동안 미루어왔던 일들을 위해 뛰어다니다 보면 의외의 현실과 마주한다. 경제적인 여유보다도 자신의 몸 상태가 받쳐주지를 못한다는 것이다.

그럴 때 그 실망과 좌절감은 이루 다 표현할 수가 없을 정도로 비참하게 느껴질 것이다. 조금이라도 과하게 움직이면 발바닥부터 모든 관절 마디마디마다 신음을 내게 된다. 그동안은 그래도 쓸 만하다고 느꼈던 신체의 구석구석이 막상 자유롭게 활동을 할 만한 시기에 이곳저곳 고장을 일으키니 여간 짜증스러운 일이 아닐 수 없다.

그러나 마냥 짜증만 내고 있다 보면 생활의 질이 현저히 떨어질 수 있다. 이럴 때 가장 좋은 것은 좋아하는 취미 생활을 찾아 스트레스를 날려버리는 것이다. 퇴직 전에 이미 취미를 가지고 있는 사람이라면 그 취미 생활을 더욱 열심히 해서 발전시키면 좋을 것이다. 딱히 취미 생활이 없다면 평생 하고 싶었던 로망을 실천해보는 것도 의미 있는 일이다.

취미는 특기를 살려서 할 수도 있지만, 정반대로 자신이 정말 못하는 일에 도전하는 것도 좋다. 못 해도 재미를 느끼면 되기 때문이다. 취미의 종류는 너무 많다. 일단 떠오르는 것 몇 개는 사격, 감상, 수집, 운동, 자전거, 그림 그리기, 글쓰기, 공부, 봉사, 맛집 기행, 산책, 명상, 요가, 서예, 화분 키우기, 텃밭 가꾸기, 낚시, 악기 배우기, 뜨개질, 외국어 공부하기, 독서 등 수없이 많다. 이외에도 언급하지 않은 것이 아마 더 많을 것이다.

취미를 발전시켜 경제적 수입과 연결을 시키는 일도 바람직하다. 제2의 인생을 살면서 용돈까지 번다면 금상첨화일 것이다. 문제는 어떤 일을 어떻게 파고드느냐이다. 정말 하고 싶은 일을 여러 방면으로 알아본다면 뜻이 있는 곳에 길이 열리리라 생각한다. 뜨개질이 취미인데 멋진 용품을 떠서 그것이 팔린다면 아마 의욕이 더 솟지 않을까 싶다.

주변에 '캘리그래피'를 취미로 가진 지인이 있다. '캘리그래피'는 손으로 글자를 예쁘게 쓰는 기술이다. 그는 평소 멋진 글씨로 명언을 써서 선물하기도 했는데 어떻게 입소문이 났는지 팬시 가게에 납품까지 하게 되었다. 물론 양은 그렇게 많지 않지만 자신이 쓸 돈은 충분히 번다고 했다. 실제로 서체가 디자인으로 정식 등록되면 저작권료를 받을 수 있다고도 한다. 자신의 취미도 살리고 경제적 활동도 하는 두 마리 토끼를 잡은 지인이 부러울 따름이다.

취미는 혼자 하는 것보다 동호회에 가입해서 서로 도움을 주고받고 교류하면서 해나가면 훨씬 시너지를 창출할 수 있다. 마음에 맞는 동호인을 만나 친구가 된다면 더욱 즐거운 시간을 보낼 수 있을 것이다. 이처럼 취미 생활은 생활의 활력소가 되고 삶의 의욕을 불어넣을 수 있으니 반드시 좋은 취미를 찾아 즐겨보자.

그러나 격렬한 취미는 삼가야 한다. 가령 야간 산악자전거를 즐기는 사람들도 있는데 오래도록 자기 발로 걷고 싶다면 당장 중단해야 할 취미이다. 평지에서 자전거를 타기도 쉽지 않은 일인데 야밤에 자전거를 걸머지고 산을 뛰어다니게 되면 몸 상태가 오죽하겠는가? 그래서 나는 취미 생활은 절대 무리가 가는 일은 해서는 안 된다고 신신당부를 하고 싶다.

그냥 아내 손을 잡고 공원을 걷는 것이 돈도 안 들고 우리에게는 딱 맞는 운동일 뿐만 아니라 정신적으로도 도움이 되는 선택인 것 같다. 자신의 건강 상태를 살펴 가면서 버킷리스트를 만들어야 실현 가능성이 증가한다는 사실도 잊지 말자.

웃음은 행복의 문을 여는 열쇠다

웃음은 만병통치약이고 행복의 문을 여는 열쇠다. 웃음은 스트레스 호르몬의 분비를 저하시키고 혈관의 염증을 감소시키며 좋은 콜레스테롤을 증가시킨다.

언젠가 한 잡지에서 읽었던 기사가 생각이 난다. 미국의 한 대학에서 연구한 결과 웃음은 동맥경화가 시작되는 혈관내피의 이완작용을 촉진시켜 혈류량을 늘림으로써 혈관 건강에 도움을 준다는 내용이었다.

성인 20명을 대상으로 재미있는 영화를 보여준 뒤 상완동맥의 혈류량을 분석한 결과 혈류량이 증가했다. 반대로 동일한 실험 대상자에게 전쟁 영화를 보게 한 후 혈류량을 확인했더니 혈류량이 감소했다고 한다. 즉 웃을 때 호르몬이 분비되고 정신적인 스트레스를 받을 때는 코르티솔이 분비돼 혈관이 수축하게 된다는 것이다. 또 매일 30분씩 코미디를 보여주고 웃음을 유도한 결과 몸에 이로운 콜레스테롤 수치가 상승하고 염증 수치는 감소했다고 한다.

40년 동안 웃음과 건강을 연구한 스탠포드 의대 윌리엄 프라이 박사는 웃음의 생리적 효과에 대해 다음과 같이 말했다.

첫째, 자연 진통효과이다. 웃을 때 뇌하수체에서는 엔돌핀과 같은 자연 진통제가, 부신에서는 염증을 낫게 하는 화학물질이 나와서 진통 효과를 나타낸다.

둘째, 웃음에 의해 동맥이 이완되어 혈액 순환을 좋게 하고 혈압을 낮춘다.

셋째, 웃음은 스트레스와 분노, 긴장을 완화시켜 심장마비와 같은 돌연사를 예방한다.

넷째, 면역력을 높여 감기와 같은 감염질환은 물론 암이나 성인병에 대한 저항력을 높인다.

그리고 한방에서는 칠정七情, 즉 감정에 따라 인체 기氣의 흐름이 달라진다고 한다. 웃음으로 인해서 생기는 즐거운 감정은 기의 흐름을 부드럽게 한다. 그리고 슬픈 느낌은 즐거움으로 치료할 수 있다는 것이다.

전문가들의 조사에 따르면 여섯 살 난 어린이는 하루에 300번 정도 웃고, 정상적인 성인은 겨우 17번 정도 웃는다고 한다. 여기서 중요한 사실은 억지로 웃더라도 크게 웃으면 그 효과는 같다는 것이다. 크게 웃을 때 우리 몸속의 650개 근육 중 231개가 움직인다고 하니 아무리 웃을 일이 없어도 일부러라도 크게 웃으면 좋을 거 같다.

자고 일어나면 코로나 환자가 증가하고 있고 매스컴을 보면 희망적인 내용이 거의 없다. 그러나 웃을 일을 만들어서라도 크게 웃도록 하자. 웃음 이야기가 나왔기에 '골동품 장사'라는 유머 하나를 적어본다.

한 사람이 골동품을 팔고 있었다. 그는 고양이 먹이를 종지에 담아 주었는데 그 종지는 값나가는 골동품이었다.

고양이가 먹이를 먹고 있는 종지가 좋은 골동품임을 보고 지나가는 사람이 와서 말했다.

"저 고양이를 사고 싶습니다."

"네, 가격이 맞으면 팔지요."

골동품 장수는 고양이를 비싸게 불렀다. 그래도 그 사람은 골동품을 갖고 싶어서 비싸게 주고 고양이를 샀다.

고양이를 산 손님이 말했다.

"고양이 밥그릇도 주시지요."

골동품 장수가 대답했다.

"저 종지 때문에 고양이를 팔고 있는데요. 벌써 6마리나 비싸게 팔았습니다."

컴퓨터와 친해지자

지금은 컴퓨터와 친하지 않으면 많은 일에 제약을 받는다. 컴퓨터로 할 수 있는 일이 생각보다 많기 때문이다. 깊게 공부해서 컴퓨터의 기본 기능이나 윈도우 운영체제까지 알면 좋겠지만 일단 쉬운 것부터 배워보자.

그중 블로그 만드는 방법 같은 것은 알아두면 여러 가지 면에서 요긴하게 쓰일 수 있다. 그동안 읽었던 책을 하나하나 정리해서 올려도 되고 다녔던 여행지를 연도별로 정리해서 올려도 좋다. 혹 자신의 전문 분야를 올린다면 다른 사람들에게 도움을 줄 수도 있다. 실제로 네이버 블로그는 웬만한 블로그라도 방문자 수가 매우 높게 나타난다. 네이버 검색을 통해서 정보를 찾고자 하는 사람들이 매우 많기 때문이다.

네이버 블로그는 가입에 별다른 제한이 없다. 네이버만 가입하면 블로그가 자동으로 만들어진다. 실제로 블로그를 만들어 방문자가 많다면 광고도 게재되고 수익도 창출할 수 있다. 네이버 다음으로는 다음이 있다.

포토샵을 배워도 쓰임새가 많다. 포토샵은 기존에 있는 이미지와 그래픽을 가지고 와서 내가 원하는 디자인에 맞게끔 편집을 하는 프로그램이다. 사진 보정, 색 입히기, 합성 등을 할 수 있다. 포토샵을 이용해 평생 찍어서 저장만 해두었던 사진들을 완벽하게 앨범으로 만들어 소장할 수도 있다.

그리고 요즘 핫한 1인 방송 유튜버에 대해서도 공부해보자. 할 것이 무궁무진할 것이다. 요즘은 유튜브를 이용하지 않는 사람은 거의 없는 거 같다. 전 국민의 50% 이상이 유튜브 영상의 소비자거나 제작자라는 말도 있다. 대중교통을 이용할 때 나이를 불문하고 휴대폰에서 보고 있는 것이 바로 유튜브이다.

물론 이런 분야를 배우면 좋은 것은 알지만 어떻게 공부하느냐가 문제이다. 블로그를 만드는 방법이나 포토샵은 관련 책자를 구입해서 차근차근 공부해도 된다. 책을 봐서 어떻게 공부를 하느냐고, 엄두가 나지 않는다면 유튜브를 이용하면 더 쉽게 배울 수 있다. 그것도 모르겠다면 각 동사무소에서 운영하는 강좌를 이용하자. 실제로 각 지자체에서는 컴맹을 위한 컴퓨터 강좌가 다양하게 진행되고 있다. 프로그램을 보면 휴대폰의 여러 가지 이용법에 대한 강좌도 있는데 한 달만 배워도 신세계를 발견할 수 있다.

젊은 사람들, 아니 손자들도 우리보다 더 많은 기능을 알고 있는데 우리도 공부를 해야 뒤지지 않을 수 있다. 특히 휴대폰과 컴퓨터는 알면 알수록 쓰임새가 많아서 편리하게 사용할 수 있다. 일단 컴퓨터에 대해 관심을 갖도록 하자. 그리고 인터넷을 통하여 흥미 유발과 다양한 문화 컨셉트를 이용해보자.

혹시 컴퓨터와 친해지면서 자신도 몰랐던 재능을 발견할 수도 있다. 1인 방송이 대세인 요즈음 유튜버에 도전해서 취미도 살리고 돈도 벌 수 있는 두 마리 토끼를 잡을 수 있다면 금상첨화다. 이전에는 정보가 필요할 때 네이버나 구글을 이용했는데 요즈음은 유튜브 동영상에서 더 많은 정보를 얻고 있다. 아무래도 말과 화면을 이용하여 설명을 해주니 훨씬 이해가 빠르고 머리에 쏙쏙 들어오는 것 같다.

무엇인가를 시작하려면 당장 시작해야 한다. 내일로 미루는 것은 하지 않겠다는 것이다. 지금 당장 컴퓨터나 휴대폰으로 검색하여 방법을 찾아보는 것은 어떨까?

나를 위해 투자하자

나를 위해 투자하는 방법은 여러 가지가 있다. 공부, 운동, 여행, 맛있는 음식을 먹는 것, 좋은 옷 사 입는 것, 영화나 연극 보기 등이다.

경제 전문지를 보다가 '가성비', '가심비'에 이어 나를 위한 제품에 적극적으로 투자하는 '나심비' 소비 트렌드 주목이라는 기사를 읽었다. '나심비'란 가격에 상관없이 자신을 위해 투자를 아끼지 않는 소비문화를 말한다. 이 같은 심리는 워라밸 분위기가 확산되면서 건강관리, 취미활동 등 개인 삶의 만족도를 높이는 활동이 각광받으며 나타난 현상으로 볼 수 있다.

요즘 젊은 사람들은 한 해 동안 지출의 가장 큰 비중은 '나'였다고 답변한다. "나를 위해 지출할 때 하나도 아깝지 않다."라는 의견도 높은 수치를 보이고 있다. 이처럼 젊은이들은 자신의 만족과 행복을 위해서라면 소비를 아끼지 않는 자아만족형 소비 태도를 지니고 있다. 이와 반해 우리는 어떤가? 아마도 대부분은 가족을 생각해서 먹고 싶은 것도 마음껏 먹지 못하고, 입고 싶은 것도 가격표를 보고 슬그머니 내려놓고 살아왔을 것이다. 좋은 옷, 좋은 신발을 몰라서 사지 않는 게 아니라 가격이 겁나서 사지 못한 경우가 대부분이다.

한평생 경제활동을 하여 가족을 부양했다면 이제는 나를 위해 쓰는 돈은 아끼지 말자. 한 달에 한 번이라도 먹고 싶은 것, 보고 싶은 것, 가고 싶은 곳에 가도록 하자. 또 가지고 싶은 것이 있다면 자신이 할 수 있는 범위 내에서 사는 것도 권하고 싶다. 아끼는 것도 좋지만 쓸 때 쓰는 것도 인생을 아름답게 사는 비결이다.

나를 위한 투자는 꼭 왕창 소비를 해야만 하는 것은 아니라고 생각한다. 중요한 것은 하루에 단 1분이라도 나에게 투자하는 시간을 갖는 것이다. 가벼운 스트레칭으로 근육을 풀어주는 것도 좋다. 긴장을 하게 되면 뒷목에 힘이 가해지고 근육이 뭉치게 된다. 이럴 때 목과 어깨 뭉친 곳을 집중적으로 스트레칭해준다면 피로도 사라질 것이고 긴장을 완화시킬 수도 있다.

또 가만히 앉아서 텔레비전을 시청할 때도 끊임없이 몸 이곳저곳을 마사지해주는 것도 좋다. 손바닥을 비벼서 따뜻하게 만든 후 귀를 문질러 주게 되면 정신이 맑아진다고 한다. 귀를 자극해주면 오장육부에도 좋고 여러 가지 기능에도 좋아서 하루에 1분이라도 꾸준히 해주는 것이 좋다.

눈 마사지를 하는 것도 권하고 싶다. 예로부터 우리 몸이 1,000냥이라면 눈은 900냥이라고 했다. 잠자는 시간을 빼면 눈은 거의 뜨고 살기 때문에 피로가 쉽게 쌓이게 된다. 특히 나이를 먹으면 녹내장과 백내장 등 질병이 생기는데 아무런 증상이 없더라도 주기적으로 안과를 찾아가 눈을 관리해주어야 한다. 하루에 한 번씩 두 손을 이용해 지그시 눌러 주고 조금씩 마사지를 해준다면 온종일 지친 눈을 잠시나마 쉬게 할 수가 있을 것이다.

이처럼 자신을 위해 투자하는 것은 꼭 돈을 들여야 하는 것은 아니다. 지치고 피곤한 내 몸을 생각해 몸에 좋은 것을 해주는 것도 일종의 투자다. 어떻게 나를 위한 투자를 해야 할지 고민해보자.

염색 대신에
멋진 모자를 쓰자

우리 몸이 늙어가는 시기가 환갑이 지나서야 서서히 진행되는 줄로만 알고 있었다. 그런데 노화는 훨씬 이전부터 세포의 성장이 멈추고 신체의 많은 부분이 서서히 늙어가고 죽어가는 과정이 시작된다고 한다.

내 몸에 크게 불편함을 느끼지 못했던 젊은 시절에는 내 몸은 언제까지나 튼튼할 것이라는 근거 없는 신념이 있었다. 그래서 신체가 이미 서서히 노화되고 있다는 생각은 꿈에도 해본 적이 없었다. 그런데 한 곳이 안 좋으면 급작스럽게 여러 곳이 동시다발적으로 고장을 일으키게 된다. 한 곳을 어렵사리 고쳐놓고 나면 곧 다른 곳이 슬그머니 불편해지는 일상이 반복된다. 그때서야 '생로병사'라는 이야기가 가슴에 와닿고 사람도 기계처럼 사용 연수가 있는 것이구나 하는 것을 절실하게 느끼게 된다.

때로는 다른 사람의 모습에 내가 늙어가는 것도 다소 위안을 받기도 한다. 결국, 인간은 세월이 지나면 모두 늙어가는 것은 어찌할 수가 없는 것이로구나 하는 것을 받아들이는 계기가 되는 것도 같다.

차라리 담담하게 늙어가는 것을 받아들이고 자신의 나이에 걸맞은 모습으로 몸과 마음을 이끌어 간다면 아름다울 것 같다. 하긴 나도 내 얼굴을 평생 쳐다보고 살다 보니 조금씩 늙어서 지금은 쪼글쪼글하게 된 내 변화된 모습을 잘못 느끼고 있을지도 모른다.

가끔 병원에 들러 접수를 하면 "아버님 조금만 앉아서 기다리세요."라는 말을 들을 때가 있다. 어색한 그 '아버님'이라는 소리에 짐짓 놀라면서 역시 내가 나이가 들었다는 것을 어쩔 수 없이 인정하기도 한다.

아마도 사람들은 자신이 아직도 청춘이라는 착각으로 살고 있을지도 모른다. 아니 어쩌면 알면서도 인정하고 싶지 않을지도 모르겠다. 이런 생각이 들어서인지 얼마 전까지만 하더라도 주변에 모자를 쓰고 다니는 나이 드신 분들을 보고 고개를 젓기도 했었다. 거추장스럽고 별로 어울리지도 않는 모자를 왜 쓰고 다니시는지 이해하지 못했다. 그러나 지금은 어느 정도 이해가 되고 또 이해하고 싶다.

물론 모자는 추운 날씨에 쓸 수도 있다. 사실 나도 요즈음 바깥을 나서려면 머리가 허전하고 춥게 느껴진다. 그래서 모자를 쓰고 외출을 하게 되는 경우가 잦아지는 것은 어쩔 수 없는 변화인 것 같다.

머리가 순식간에 빠지는 사람도 있지만 나 같은 경우는 가운데부터 서서히 탈모가 시작되었다. 결국은 귀 양쪽의 머리만 남게 되는, 뭔가 이전에 자주 목격을 해왔던 우리 부모님과 삼촌의 나이 드신 모습이 조만간 나의 모습이 아닐까 싶다.

또 염색하지 않으면 흰머리와 검은 머리가 뒤섞여서 더욱 지저분해보이고 그래서 어쩔 수 없이 염색을 한다. 그런데 그 부작용으로 인해서 머리가 더 많이 빠지고 염색약 때문에 눈의 노안도 빨리 온 것 같다.

노화는 머리에만 오는 것이 아니다. 오래 살려면 관절을 잘 관리해야 한다는데 그 관절이라는 것이 관리만 잘한다고 끝까지 쓸 수 있는 게 아니다. 세월이 지나면 사람마다 조금 더 빠르고 늦는 정도는 있지만 서서히 닳게 마련이다. 관절은 닳으면서 통증을 동반한다. 그러니 조금이라도 건강하게 살고 싶다면 열심히 걷고 유산소운동을 많이 하자. 한번 망가진 관절은 다시 되돌리기 힘들고 그때가 되면 여행이고 뭐고 모두 포기하고 살아야 한다.

결국, 마지막에는 겨우 게이트볼 정도나 취미가 될 수밖에 없다. 각종 관절의 문제로 정상적인 움직임조차 불가능해지고 내가 스스로 내 몸을 가누지 못하는 시기가 오게 될 것이다. 이렇게 이미 오래전 내 몸의 세포는 이미 죽어가고 있었다. 이는 새삼스러운 변화도 아니다.

오늘은 멋진 모자를 골라 쓰고 새 모자를 사러 외출해야겠다.

오늘이
가장 젊은 날이다

우리가 나이 많은 어르신께 인사를 할 때면 "건강하게 오래 사세요."라는 말을 가장 많이 하는데 지금 생각해보니 이 말은 모순이 있는 이야기처럼 들린다.

건강하게 오래 사는 것은 복 많은 일이지만 곰곰이 생각해보면 욕심이 너무 지나치다는 생각이 든다. 과연 열심히 건강관리를 하면 오래 살 수 있는 것일까?

최근 모 방송사에서 지금은 잊힌 옛 연예인들의 근황을 알려주는 프로그램을 진행하고 있다. 그런데 그 방송을 보고 있노라면 정말 세월에는 장사가 없다는 생각이 절로 든다.

평생 영원히 아름답고 예쁜 얼굴을 갖고 있을 것 같던 수많은 여배우의 얼굴에는 잔주름이 자글자글하다. 정말 열흘 붉은 꽃이 없다는 고사가 어쩌면 그렇게 맞는 말일까 싶다. 그런데 안타까운 것은 여배우들이라 그런지 아직도 한창때의 아름답던 시절을 놓치고 싶어 하지 않는 모습이 남아 있어 인간이란 존재가 어찌할 수 없는 참 단순한 존재임을 실감하고는 한다.

하긴 젊고 아름다움을 선망하는 것이 어찌 여배우들뿐일까? 나도 가끔 내 얼굴을 물끄러미 들여다보면서 내가 늙어간다는 것을 느낄 때가 있다. 내가 느낄 정도면 다른 사람이 볼 때는 아마 더 확실하게 느낄 수 있을 것이다.

그런데 내 자식들이 시집 장가를 가고 손주를 낳고 하는 큰 세월의 변화가 주변에서 일어나고 있음에도 나 자신은 예전의 젊었을 때와 별반 차이가 없다고, 늙음을 인정하고 싶지 않으니 병세가 중하다고 볼 수밖에 없지 않은가.

내가 젊어서는 혈압약을 드시는 주변의 어르신들을 보면서 저 노인은 조만간 저세상으로 갈 준비를 하시는구나 하는 어이없는 생각을 했었다. 그런데 이미 내가 혈압약을 먹고 산 지가 수년이 다 되어간다. 게다가 평소에 잠도 푹 자지 못할 정도로 늘 피곤한 상태가 반복되고 있다. 또 조금이라도 짜고 매운 음식을 먹거나 과식을 하면 그 즉시 아랫배가 소리를 내며 신호를 보내온다. 나 자신이 인정하고 싶지 않아도 나는 이미 고물이 다 된 것이 아닌가 싶다.

그러다 보니 어느 순간부터 술 마시는 일이 슬슬 겁나기 시작했다. 술을 아주 안 먹을 수는 없겠지만 이전처럼 즐겁게 마시는 방법이 없을까 연구를 해보기도 한다. 그러나 어차피 막걸리건 소주건 포도주건 알코올은 알코올인지라 어떤 술을 마셔도 후유증이 없을 수는 없는 것 같다.

하기는 내 나이가 어언 환갑을 넘었으니 적지 않은 세월 동안 몸뚱이를 써먹었고 이제는 슬슬 고장이 날 때가 되었다는 생각도 든다. 그동안 내가 해왔던 생활 습관들을 돌이켜본다면 지금 이만한 정도의 건강을 유지해주는 것만으로도 대만족을 해야 하지 않을까 반성을 하기도 한다. 남자들은 여자보다 평균적으로 6~7년은 일찍 죽는다는 통계가 있다. 물론 그 통계가 무색하게 여자보다 훨씬 더 장수하는 어르신도 있기는 하다.

나의 건강에 대한 결론은 건강은 절대 되돌릴 수 없다는 점이다. 나날이 나빠져 가는 것이 순리이고 보면 최대한 노화 시기를 뒤로 미룰 수 있는 방법을 찾아야 할 것 같다. 그러나 아무리 노력한다고 해도 건강이 좋아질 리 만무하다. 다만 지금의 건강을 유지라도 할 수 있다면 다행일 것이다.

우리와 같이 한 시대를 풍미했던 멋진 사람들을 기억해보시라! 지금도 멋지게 살아가고 계시는 이가 과연 몇 분이나 되는지.

그렇게 멋진 목소리로 대중을 감동케 했던 멋진 가수와 영화배우들, 그리고 우리를 배꼽 잡게 해서 저 사람은 참 오래 살겠다 했던 분들조차 이미 이 세상을 떠나신 분이 허다하다.

사람은 늙어가고 하루하루 내 곁에 약봉지가 늘어나는 것은 피할 수 없는 인간의 숙명이니 어찌할 수 없는 일이다. 다만 내가 할 수 있는 일은 열심히 건강 유지를 위해서 노력을 해야 한다는 것이다. 또 분명한 사실은 영원히 살 것처럼 모든 것을 내려놓지 않고 버둥대는 추한 모습보다는, 그 모든 것을 일찌감치 받아들이고 물 흐르듯 살면서 하루하루 헛되지 않게 오늘을 열심히 사는 것이 진정 아름다운 삶의 모습이 아닌가 싶다.

결국, 내 인생은 오늘이 가장 젊은 날이다. 그리고 그 어느 화려한 여배우보다 내 아내가 오늘 가장 예쁘다는 사실도 잊지 말자.

건강해야
잠도 잘 잔다

중국의 덩샤오핑이 그 높은 황산을 칠순도 넘은 나이에 오르내리면서도 곰방대를 물고 여유 있게 등산을 즐겼다는 이야기를 들은 적이 있다. 참 건강을 잘 유지했다는 생각이 든다.

기본적으로 건강하지 못한 사람은 담배도 술도 가까이하기 힘들다. 반대로 이야기를 하자면 건강하니까 술도 많이 마시고 담배도 즐길 수 있는 것이다.

솔직히 내가 담배를 끊은 것과 술을 점점 줄여가는 것은 건강을 생각해서라기보다 이미 나의 몸 상태가 술과 담배를 가까이할 수 없을 정도로 나빠지고 있다는 것을 의미한다.

한때는 몸이 피곤해야 당연히 잠도 잘 잘 수 있다고 생각했다. 결국 건강해야 잠도 잘 잘 수 있지 잠자는 일도 건강하지 못하면 절대 깊은 잠을 잘 수가 없다. 어느 정도 체력이 떨어지게 되면 잠자는 시간도 점점 줄어들 수밖에 없는 것도 결국은 체력이 부족해서 발생하는 변화이다. 따라서 평상시 이것저것 보약으로 건강회복을 하려는 꼼수를 쓰기보다는 근본적으로 기초체력을 회복할 수 있도록 건강관리를 잘해야 그나마 현상 유지가 될 수 있다. 일단 체력이 고갈되고 나면 다시 원상태로의 복귀는 불가능한 일이기 때문이다.

젊어서부터 자기 자신의 체력을 위해서 운동을 가까이하는 습관을 지녀야 그나마 늙어가는 체력을 유지할 수 있다. 그리고 보약도 나이가 젊어서 먹어야 효과를 볼 수 있다. 하루 세끼 먹는 것도 제대로 소화를 시키지 못하는 사람이 보약을 먹게 되면 오히려 위장에 부담만 더 주게 돼서 잠도 잘 못 자는 역효과를 가져올 수 있다.

보약은 일상적으로 먹고 마시는 것보다 더 강한 성분이 들어 있다. 그래서 몸 상태가 어느 정도 받아들일 준비가 되지 않은 사람은 오히려 부담될 수밖에 없는 것이다. 옛 어른들이 나이 들어서 돈 쓸 일이 그다지 많지 않다고 말한 이유를 알 것도 같다.

나이 들어서 새롭게 운동하는 것도 크게 효과를 보기 어려운 이유도 이미 모든 세포가 늙어가는 단계에 접어들었기 때문이다. 따라서 조금이라도 건강할 때 몸을 잘 보관하고 아껴 써야 하는 시점에 무리하게 헬스 같은 운동은 되도록 삼가하자. 젊은이들과는 다르게 부작용만 뒤따르지 효과를 보지 못한다.

무리하게 운동을 하는 사람들은 얼마 남아 있지 않은 관절을 한꺼번에 불태워 없애버리는 일이기에 반드시 좋지 않은 결과가 나타나게 되어 있다. 수많은 사람이 오래도록 쓸 수도 있는 것을 과다하게 써버림으로 인해서 결국 수술을 하게 되고 걷는 것조차도 힘든 생활을 선택할 수밖에 없는 것이다.

늙어가는 것은 피할 수가 없으니 겸허하게 받아들이고 늙어가는 과정을 순탄하게 이끌 것인가에 초점을 맞추자. 어떻게든 열심히 운동하여 건강을 회복해서 청춘 시절로 돌아가겠다고 무리하다가는 몸이 결딴난다는 사실을 명심하고 그저 아껴 쓰도록 하자.

오래도록 살면 앞으로 좋은 약이 나올 텐데 무슨 걱정이냐고 할 수도 있겠지만 그것은 후대에 적용되는 것이라고 봐야 한다. 그러니 큰 기대를 하지 말고 지금 주어진 여건에서 최대한 오래도록 사는 방법으로 한 발이라도 걷는 것이 효과를 볼 수 있다.

억만장자라 하더라도 병원에서 누워 꼼짝도 하지 못하는 것보다는 그래도 내 몸뚱이가 건강해서 내 두 발로 걸어 다닐 수 있다는 것이 얼마나 멋진가?

입을
잘 관리하자

우리가 사는 지구 반대편에서는 먹지 못해서 굶어 죽는 어린아이들이 수도 없이 많다. 그러나 다른 한쪽에서는 어떻게 하면 몸무게를 줄일 수 있을까 다이어트를 고민한다. 그래서 세상은 요지경인가 보다.

나 역시도 기회만 되면 몸무게를 줄여야 한다는 강박관념에서 좀처럼 벗어나지 못하고 있다. 그러나 막상 먹는 것을 과감하게 줄여야겠다는 생활 습관의 변화에는 나 몰라라 한다. 어쨌든 그동안 온갖 수단과 방법을 총동원해서 건강을 지키기 위해서 노력해왔다. 늙어가는 신체의 변화를 단 하루라도 뒤로 미루기 위해서 몸에 좋다는 것은 다 섭렵을 하면서 살아왔다고 자부한다. 그런데 지금의 나의 몸 상태는 노력의 결과와는 전혀 무관하게 지속해서 시들해져 가는 모습에 실망감을 감출 수 없다.

어느 정치인이 느닷없이 단식한다고 전국을 떠들썩하게 해서 자칫 잘못하면 건강이 많이 상하겠다고 걱정을 했는데 단식 이후 더욱 활발해진 모습으로 활동하는 모습을 보았다.

사람이 많은 시간 굶고 단식을 하게 되면 단식 후에는 어딘가 몸에 이상이 생겨서 잘못될 것 같지만 하나같이 더욱 건강한 모습으로 활동하는 것을 보면 단식이 좋긴 좋은가 보다.

얼마 전에는 인터넷상에서 스님들이 수개월 동안 긴 묵언 수행을 끝낸 것을 보게 되었다. 스님들 역시 건강한 모습을 하고 계셨다. 저 분들이 진정 묵언 수행을 하면서 하루에 한 끼밖에 안 먹는 생활을 해온 것이 사실인지 의구심이 들 정도였다.

분명 먹지 않고 지낸다는 것은 위험한 일이고 자칫 목숨까지도 위태로운 상황이 올 수도 있다. 어찌 되었든 결과는 모두가 건강한 모습을 하고 있다는 사실이다. 그래서 곰곰이 살펴보니 몸의 불편함은 대부분 먹는 것을 잘못함으로써 나타나는 부작용이 아닐까 하는 생각이 들었다.

대부분 너무 많이 먹는다. 주변에서 쉽게 접할 수 있는 인스턴트 음식과, 술 등 몸에 해로운 것들을 하루가 멀다고 즐기는 일상이 되었다. 그러니 내 몸이 아무리 열심히 되돌려놓는다고 하여도 도저히 감당하지 못하는 상태가 될 수밖에 없다.

코로나바이러스가 대유행이 되고 나니 나라마다 문을 걸어 잠그듯, 입으로 들어가는 것을 통제하지 못하면 내 몸의 건강을 지킬 수 없다.

모든 것이 입으로 들어가는 것으로 인하여 발생이 된다. 때문에 입으로 들어가는 통로만 잘 관리를 한다면 아마도 대부분 문제점은 사전에 건강하게 관리를 할 수 있을 것이다. 아마도 지금 먹는 양의 1/3 수준만 섭취해도 얼마든지 건강한 삶을 살 수 있으리라는 확신이 든다.

의사를 찾아가는 대부분의 이유는 내가 잘못해서 벌어진 일을 수습하러 가는 것이다. 나 스스로 관리를 잘못한다면 또다시 같은 일들이 재발할 수밖에 없다. 내가 병원 의사라는 생각으로 무조건 적게 먹고 입으로 들어가는 통로를 철저히 감시하자. 그 생활 습관 한 가지만 잘 지켜나간다면 노후의 건강관리는 해결이 가능할 것이다.

먹는 것은 철저히 통제된 식생활을 해야 한다. 절제되지 않은 생활 습관에 정신없이 먹다가는 자신도 모르는 사이에 당뇨병 등 온갖 잡병의 근원지가 될 수도 있다. 조금이라도 지나치다 싶다면 언제든지 숟가락을 내려놓을 수 있는 식습관을 갖도록 하자.

특히 술자리 모임에서도 내 몸에 좋은 음식 위주로 아주 소량만 먹어야 한다. 술에 취해서 정신없이 먹다 보면 온몸에 독이 잔뜩 쌓여서 나이가 들면 결국 몸속에서 냄새가 진동하게 될 것이다. 아마 손주도 가까이 오려고 하지 않는 냄새 나는 할아버지가 될지도 모른다.

이미 내 몸속에 수십 년간 쌓인 독소가 자리 잡고 있으니 이것을 다시 깨끗이 하기는 어렵다. 다만 반이라도 노폐물을 걸러내기를 원한다면 최소한 수년간은 각고의 노력을 해야 온갖 잡병에서 벗어날 수 있을 것이다.

오늘이라도 결단을 하고 실천에 들어가도록 노력해보자. 일단 먹고 싶은 만큼 과식과 과음도 하지 않으며 늦게 먹고 바로 눕는 습관 등을 개선하는 것이 좋다. 그렇지 않으면 연쇄적인 건강 악화는 순식간에 확대되어 그야말로 큰 병으로 옮아갈 확률이 높다.

특히나 부부 둘만 살다 보면 아무리 음식을 적게 사고 요리를 적게 해도 결국은 음식이 남아버리게 된다. 그런데 아까운 마음에 먹어 치우는 습관을 지속하다 보면 내 몸이 쓰레기 처리장으로 변하게 되는 것이다.

아깝다고 생각지 말고 맛있게 먹었다면 아무리 많은 양이 남아 있다 해도 과감하게 갖다 버리자. 그리고 다시 신선한 음식을 섭취하는 선택을 하자. 아내가 힘들게 만든 음식인데 하면서 버리기를 망설인다면 머지않아 탈이 나고 말 것이다.

또 남편 생각한다고 밥을 수북이 담아주는 것을 거절하지 못해 다 먹는 것도 바보스러운 일이다. 식사는 반드시 적정량을 먹고 과감히 숟가락을 놓는 결단이 필요하다.

승패는 입의 철저한 통제에 있다. 때를 놓친 상태에서 입을 통제한다면 아무 의미 없는 일이 될 것이다. 문제는 입이다. 나도 한번쯤 단식을 시도해볼까 싶다.

걷는 것이 만병통치약이다

사람들의 생활 습관을 살펴보면 자신이 얼마나 운동하고는 관련이 없는 사람인지 자신도 놀라게 될 것이다.

현대인의 생활환경이 딱히 걸어서 다닐 필요가 없을 정도로 문명이 발달한 원인도 있겠지만 오랜 시간 그런 생활이 습관화되었다. 이미 활발하게 움직이는 것과는 거리가 먼 쪽으로 인간이 진화가 되었는지도 모를 일이다. 아마도 이런 생활 습관이 수만 년 지속이 된다면 인간의 다리는 도마뱀 정도로 도태될 수도 있을 것이다.

사무직의 경우 회사에서 열심히 일하지만 회사 일은 대부분 앉아서 하는 일이다. 또 빌딩 내에서만 활동하다 보니 멀리 이동할 일도 없다. 게다가 지금은 코로나를 계기로 모든 업무를 인터넷으로 처리하고 있는 실정이다. 컴퓨터 한 대만 가지고도 세상 돌아가는 일들을 파악하고 모든 일과가 손가락 하나로 처리할 수 있는 환상적인 세상이 되었다. 그러니 여기저기 찾아다니면서 발품을 팔지 않아도 회사일을 해결할 수 있다.

또 주문만 하면 온갖 맛있는 음식이 집으로 배달이 된다. 이처럼 지금은 딱히 발의 역할이 크지 않은 시대가 된 것이다. 따라서 백화점에 쇼핑이라도 가서 눈도 즐겁고 걷기 운동도 하는 등 여러 가지로 즐거운 결과를 가져오는 생활을 하도록 노력해야 한다.

건강을 관리하는 데 걷는 것이 무슨 그리 대단한 역할을 하겠는가라고 반문하는 사람도 있을 것이다. 워낙 걷는 기회가 많지 않은 시대이다 보니 최소한 걷는 것만큼이라도 제대로 한다면 어느 정도 건강을 유지할 수가 있을 것이라 본다. 물론 걷기도 하고 이것저것 유산소운동도 병행한다면 더할 나위 없이 좋은 효과를 볼 것이다. 일단 걷지 않는 생활 습관을 고쳐나가는 것이 급선무라고 생각한다.

나는 워낙 운동을 좋아해서 많이 걷는 편이다. 되돌아보면 걷는 것보다 몸에 유리한 운동은 없는 것 같다. 특히나 나이가 들어서 관절이나 몸의 컨디션이 온전하지 않은 상태에서는 걷는 것만큼 건강에 도움이 되고 정신건강에도 이로운 것이 없다고 확신한다.

집에서건 전철에서건 되도록 앉기보다는 젊은이에게 양보하고 주로 서서 다니는 것을 택한다. 앞으로 전 세계 돌아다녀야 할 곳도 수백 곳 넘게 남아 있고 국내도 아직 구경해야 할 장소가 수도 없이 많다. 여기저기 다니면서 맛있는 음식들도 먹어봐야 할 것이 적잖은데 다리가 부실해진다면 모든 계획이 꽝이 되고 말 것이다.

당연히 신발은 반드시 좋은 것을 골라서 신어야 한다. 발바닥을 무시하고 끌고만 다니면 얼마 가지 않아서 발바닥이 짜증을 내기 십상이다. 요즈음 유행하는 운동화는 우리가 신기에는 너무 과격한 스타일이 많다. 편안한 것보다는 스타일을 중시하기 때문이다. 비싸게 주고 사더라도 나에게 잘 맞는 신발을 구입하자. 철저하게 신어보고 편한 것 위주로 선택을 해야지 절대 신발 종류는 대충 고르면 안 된다. 하나밖에 없는 내 11호 자가용이 고장나면 큰 낭패가 아닐 수 없다.

여유가 있다면 녹색 잔디 위를 걷는 골프도 권장하고 싶지만, 시간이 너무 많이 소요되고 비용도 적지 않게 들어간다. 골프는 힐링이 되는 운동이지만 경제적, 정신적 부담으로 다가올 수도 있다. 결국 돈도 안 들고 아무 때나 손쉽게 할 수 있는 걷기가 최고의 운동이다. 당장 소파에서 리모컨을 던져버리고 집 밖으로 나서자.

어떻게 걸으면 좋은가 물어보는 사람도 있는데 그냥 아무 생각없이 걸으면 된다. 조금 빠르게 걷다 보면 약간의 땀도 나고 생활을 반성하게도 된다. 여러 가지 복잡한 일들도 하나둘씩 정리도 되고 용서도 하는 여유도 생기게 되니 그냥 속는 셈치고 걸어보시라. 걷는 것이 만병통치약인데 무엇을 더 바라겠는가?

나이가 들면 다리의 근육이 쉽게 타버린다. 그 때문에 나이 드신 분들의 허벅지를 보면 앙상하게 뼈만 남아 있는 모습을 쉽게 목격할 수 있다. 일단 이런 상태가 진행된다면 인생이 거의 끝난 것으로 봐야 한다.

걷기 운동을 병행하면서 허벅지 둘레가 누터워지도록 신경 써야 한다. 허벅지 둘레가 두꺼운 사람이 심장도 튼튼하고 오래 살 수 있는 확률이 높다는 통계도 있다. 따라서 수단과 방법을 총동원해서 하체의 근육을 단련시켜야 한다.

요즈음은 주민의 복지를 위해 여러 가지 운동 시설들을 쉽게 접할 수 있도록 해둔 곳이 많다. 크게 돈도 많이 안 들이고 접근이 쉬운 환경이 되어 있어서 본인이 원한다면 얼마든지 이용할 수 있다. 커뮤니티에 참여도 하고 돈도 많이 들지 않으면서 건강하고 즐거운 하루하루를 보낼 수가 있는 것이다. 작은 용기를 내지 못해서 결국은 친구들보다 훨씬 일찍 남의 손에 자신을 맡겨야 하는 시기를 맞게 된다면 그때 가서 후회해봐야 이미 늦다.

늦었다고 생각지 말고 지금이라도 무조건 다리의 근육이 조금이라도 더 버틸 수 있도록 모든 투자를 하체에 집중해보자.

하나님과 부처님께 아무리 빌어도 나에게 복을 주시지 않는다. 다만 나는 스스로 복을 가져다줄 수 있는 능력을 하나님과 부처님이 이미 주신 것이니 아껴서 잘 쓰기만 하면 되는 것이다.

결국 오래 걷는 놈이 장땡이다.

무조건 오래 살고 볼 일이다

많은 이들이 하나님의 은총을 받아 죽어서 천당을 가는 것을 고대하고 있을 것이다. 진정으로 천당이 있는 것인지도 모르겠고 천당을 다녀온 사람도 만나보지 못했으니 하나님 말씀만 믿고 따라가기에는 좀 그렇다. 결국 고생스럽더라도 밑져야 본전이라는 생각으로 일단은 살 수 있을 때까지 이생에 살아남는 것이 그래도 좋지 않을까? "개똥밭에 굴러도 이승이 좋다."라는 말처럼 아무리 고생스럽고 천하게 살더라도 죽는 것보다는 사는 것이 낫다.

지금도 암은 완전히 정복되지 않아서 고치기 힘든 질병이다. 물론 이전보다 치료 후 살아남을 가능성이 대폭 향상이 되었다고 한다. 의료기술의 발전이 하도 빠르다 보니 조만간 이러한 한계는 충분히 극복되는 날이 곧 올 것도 같다. 아마도 그런 날이 온다면 사람이 너무 오래 생존해서 생기는 부작용에 대해서 걱정을 해야 할지도 모르겠다.

지금은 인공지능이 계속해서 진화하고 있고 줄기세포도 활발하게 연구되고 있다. 수많은 과학의 발달로 자고 일어나면 세상이 눈부시게 변해가는 실정이다. 따라서 변화되는 것을 따라잡기도 어려울 뿐만 아니라 지속해서 세미나 참석이나 공부를 하지 않으면 의사 생활도 힘들다고 한다.

이러한 변화의 추세는 우리가 원하든 원하지 않든 이미 지속적으로 흘러가는 것이 현실이다. 지금도 우리가 알지 못하는 수많은 분야에서 획기적인 발전이 이루어지고 있다. 다만 그 적용에 따른 사회적인 부작용을 염려해서 망설이고 있는 기술들도 부지기수 존재한다. 또한 그 새로운 기술이 또 다른 혁신을 가져오게 되는 상황으로서 변화의 속도는 기하급수적으로 빨라질 수밖에 없을 것 같다.

나의 이러한 기대와 예상이 조금은 허망하게 들릴지도 모르겠다. 그러나 이미 이러한 변화는 우리 곁에서 수도 없이 감지되고 실제로 이미 생활에 밀접하게 적용되고 있지 않은가? 인공지능이라는 것은 말 그대로 사람의 지능을 대신하는 복제인간의 세상이다. 아무리 신체 일부가 망가졌다 하더라도 얼마든지 다시 복제해서 새롭게 만들 수 있는 기술들도 거의 우리 곁에 와 있다. 사실 우리가 먹는 식품들이 대부분 그런 영향을 조금이라도 받지 않은 제품이 몇 개나 되겠는가?

특히나 고기 종류도 이제는 사육을 통하기보다는 인공으로 만든 고기가 이미 유통이 되고 있다. 문제는 그 고기의 맛이 훨씬 맛있다고들 하는데 사서 먹지 않을 이유가 있을까?

어찌 보면 여러 가지 두려움도 있는 것이 사실이지만 어쨌거나 오래 살고 볼 일이다. 우리 다 같이 조금만 버텨보자. 아마도 우리가 고생하고 있는 관절염, 근육 노화, 식욕부진, 고혈압, 당뇨 등 조금만 기다리면 획기적인 치료법이 생길 테니 일단은 버티기를 해보자.

정치하는 사람들이 이야기하는 그런 새로운 세상이 아닌, 진정 우리가 고생한 만큼의 대가가 주어지는 세상이 오기를 기대하면서. 그때까지만 서러워도 버텨보자.

환갑잔치와 100세 시대

내 인생을 뒤돌아보면 큰 문제없이 무탈하게 잘살아온 것 같다. 그러나 곰곰이 지나온 과거를 되돌아보면 내 삶에도 수많은 우여곡절이 있었고 힘든 고비도 적잖았다.

자칫 저세상으로 갈 뻔했던 일들도 한두 번은 족히 있었던 것으로 기억이 된다. 내가 스스로 생각해봐도 참 대단하다는 생각이 들 정도로 그 무수한 고비를 잘 넘기면서 용케도 지금 이 세상에 살아 있는 것이다.

나에게 조용히 다독여본다. 그동안 참 잘했다, 고생 참 많았다.

우리 세대는 아무리 힘들어도 남 탓하지 않고 다 내 탓이요 하는 책임감으로 살아왔다. 그래서 지나온 삶의 무게가 더욱더 무거웠던 것 같다. 물론 나도 그렇지만 이 시대를 정말 열심히 살아온 꼰대님들께 다시 한번 찬사를 보내고 싶다. 그런 의미에서 그동안 고생을 했던 나 자신에게 일정 부분 보상을 해주는 것이 마땅하다는 생각이 든다.

과거에는 태어나서 100일을 넘기기 힘들어 백일잔치를 했고 돌잔치 역시 같은 맥락에서 기념했다. 그리고 60살을 넘기기 힘들어 환갑잔치를 성대하게 치렀는데 지금은 의학의 발달로 수명이 늘어나면서 많이 바뀌었다. 칠순 잔치도 가족끼리 모여서 식사를 하는 것으로 조용히 치르는 경우가 대부분이다.

가슴에 손을 얹고 생각을 다시 해보자. 어떻게 살아온 이 나이인데 환갑이라는 기념일을 오직 오래 산다는 가정만으로 섭섭하게 보낼 일인가? 아마도 그렇게 보낸 분들의 대부분은 적잖이 실망과 섭섭함을 가지고 있을 것이라 본다.

요즘 같은 100세 시대에 당연히 환갑잔치는 할 필요가 없다는 주장을 자식한테라도 듣게 되었다면 오죽 마음이 섭섭했으랴! 내가 보기에는 우리는 환갑잔치를 해 먹을 만한 충분한 자격이 된다. 환갑은 아직 나이가 어리다고 치고 칠순이나 돼야 자격이 있는 것 아닌가 하지만 솔직히 그때까지 살아남는다는 보장도 없지 않은가?

결국 칠순은 칠순의 의미가 별도로 있는 것이니 축하를 받아 마땅하고, 팔순 또한 더욱 의미가 있으니 당연히 축하를 받을 자격이 있다고 생각한다.

주저하지 말고 그동안 열심히 잘살아준 자신에게 감사의 말을 충분히 전달하는 자리를 마련하자. 진수성찬을 차려서 사람을 불러놓고 잔치를 하라는 것이 아니다. 조촐하지만 가족 혹은 가까운 지인들과 함께 축하하는 시간을 갖자는 것이다. 그러고 나면 아마 힘이 생겨서 칠순을 위해서 더 열심히 살게 되지 않을까?

퇴직 후부터 몸이 여기저기 말을 안 듣기 시작했다. 물론 마음은 아직 청춘이지만 일단 나이를 먹으면 누구나 할 것 없이 신체의 많은 변화를 겪을 수밖에 없는 것이 현실이다. 그런데 주변에서는 온통 100세 시대, 100세 시대 하고 떠들어대니 이제는 나도 100세를 살지 못하면 찌질이가 되겠다는 생각도 든다.

최근에는 나이 많으신 노인들의 교통사고가 늘어가는 추세라 운전면허도 반납하라고 독촉하는 시대이다. 그러니 내가 100세까지 똘똘하게 살아남을 수 있을지 솔직히 자신이 없다. 아무리 머리를 굴려봐도 순탄치 않을 것만 같다. 특히나 요양병원에서 약 기운으로 10년을 더 버틴다면 그게 무슨 의미가 있겠는가?

예를 들어서 100세까지는 산다니 80세까지는 열심히 일해도 20년은 쉴 수 있는 시간이 남아 있다. 따지고 보면 이것도 전혀 짧지 않은 세월이니 열심히 일해야 한다고 말하는 사람도 있다.

물론 그렇게 살아가는 사람도 있겠고 생존하는 사람들도 무수히 많겠지만 내가 하고 싶은 이야기는 살아가는 내용과 방법이 어떤 것이냐 하는 문제를 거론하고 싶다.

삶의 질적인 면이 채워진 상태라야 그나마 장수가 의미가 있다고 생각한다. 약으로 겨우 연명을 하는 세상에서 침대 생활만 수십 년을 하는 삶이라면 오히려 삶이 더욱 고통스러운 것 아닐까?

100세라는 숫자의 놀음에 현혹이 되어서 아직도 살아야 할 날들이 까마득하다고 하는 안일한 생각에서 어서 깨어나자. 오늘이 마지막일지도, 아니 오늘도 다 채우지 못하고 저세상으로 갈지도 모른다는 현실을 철저히 인식하고 주어진 오늘에 충실한 삶은 살아야 한다.

수많은 시간이 아직도 남았다는 생각에 얼렁뚱땅 하루하루를 보낸다면 이미 시체와 무슨 차이가 있겠는가?

오늘이 마지막이라 해도 후회 없이 열심히 산다면 100세까지 의미 없이 살아가는 것보다 훨씬 멋진 삶이 될 것이다.

어젯밤에도 동창 친구의 남편이 고인이 되었다는 기별을 받았다. 사람은 태어날 때는 순서가 있지만 죽을 때는 순서가 없다는 말이 맞는 것 같다.

제4장

공평한 인생과 소소한 일상

노세 노세 젊어서 놀아,
늙어지면 못 노나니

나이가 들어 서서히 여유가 생기는 시점부터 어린 시절 친구들도 생각나고 각종 모임에도 적극적으로 참가를 하게 된다. 그중의 하나가 등산을 통해 건강을 지키고자 하는 건전한 친구들의 모임이다.

등산은 투자 대비 효과가 커서 육체 건강이나 정신 건강에 많은 도움을 준다. 특히 우리나라에는 수도권에도 멋진 산들이 많아서 손쉽게 등산을 즐길 수 있다. 또 우리나라는 사계절이 뚜렷해서 계절별로 느끼는 즐거움도 다양하다. 그래서 젊어서는 다니지 않던 등산을 나이 들어 시작하는 경우도 많다. 주변에도 유명한 등산복을 소장하고 있을 정도로 등산을 사랑하는 애호가들이 많은 것이 현실이다. 이는 국가를 위해서나 개개인을 위해서 바람직한 일이라 생각한다.

산에서 막걸리 등 약주를 금하자 아쉬움을 느끼는 사람들도 있다. 대신 힘들게 산행을 마친 후 하산해서 한잔 술을 마시며 회포를 풀고 가벼운 마음으로 집으로 향한다. 등산은 스트레스를 해소하는 데 최고의 운동이다.

TV에도 나이가 많은 사람이 세계 명산을 두루 다니고 수천 미터나 되는 곳을 트래킹하는 모습을 종종 방영한다. 나야 가까운 우리나라 산도 제대로 돌아보지 못한 사람이니 국내산으로도 대만족이다. 등산은 가까운 친구 간에 독려해서 함께 즐거운 시간도 갖고 건강도 챙길 수 있다.

그런데 어느 시점에서부터인지 참석자가 점점 줄어들더니 급기야는 최소의 정원을 채우지 못해서 계획했던 등산을 포기하는 경우가 종종 발생하여 매우 아쉽다.

우리가 처음 모임을 시작했을 때는 적지 않은 친구들이 동참해서 이 모임이야말로 오래도록 지속할 수 있겠다는 확신이 있었다. 가능하면 빠지지 말고 참석을 하겠노라고 다짐도 했건만 친구들을 보고 싶어도 이제는 친구들이 얼굴을 보여주지 않으니 아쉬울 뿐이다. 최근에는 몇몇 열성적인 친구들이 모임의 재활성화를 위해서 열심히 노력하고 있지만 참가 인원이 증가할 것 같지 않아 마음이 아프다.

언젠가 골프장에서 다른 팀과 조인하여 골프를 치게 되었는데 상대방 부부의 연세가 80을 조금 넘긴 나이였다. 그래서 참으로 보기 좋고 대단하시다고 말씀을 드렸더니 이것도 얼마나 더할 수 있을지 의문이라는 의외의 답이 돌아왔다. 자기만 건강하다고 골프를 즐길 수 있는 게 아니고 주변 친구들이 같이해줘야 하는데 해를 거듭할수록 운동할 친구가 줄어든다는 것이었다. 그래서 어쩔 수 없이 다른 팀과 조인을 신청해서 골프를 친다고 말씀하셨다. 그러나 조인하는 상대가 젊을 경우 알게 모르게 불만이 많고 다음번 조인을 신청할 때에는 노골적으로 기피를 하니 과연 골프도 얼마나 칠 수 있을지 모르겠다고 하셨다.

어찌 보면 어르신 말씀이 당연한 귀결이라는 생각이 들었다. 세월에 장사가 없듯이 당장 우리의 등산모임을 지속하는 데도 한계가 따르고 있지 않은가. 그러니 친구들이 하나둘씩 줄어들더라도 너무 섭섭해하지 말아야 할 것 같다.

어디 등산뿐이겠는가? 대부분 모임이 시간이 지날수록 재미도 없어지고 힘에 부쳐서 다 같이 하지 못하는 일이 잦다. 혹 참석을 한다 해도 술 한 잔 못 하고 구석에 앉아 있다가 조용히 돌아가는 친구도 생겼다. 결국 옛 어른들 말씀처럼 노는 것도 젊어서 놀아야지 늙으면 제대로 노는 것도 힘들다는 말이 맞는 것 같다. 옛날 노래가 귓가에 맴돈다.

노세 노세 젊어서 놀아
늙어지면은 못 노나니
화무는 십일홍이요
달도 차면 기우나니라
얼씨구 절씨구 차차차
지화자 좋구나 차차차
화란춘성 만화방창
아니 노지는 못하리라
차차차 차차차

가세 가세 산천경계로
늙기나 전에 구경 가세
인생은 일장의 춘몽
둥글둥글 살아나 보세

얼씨구 절씨구 차차차

지화자 좋구나 차차차

춘풍화류 호시절에

아니 노지는 못하리라

차차차 차차차

여행은 즐겁게

누구나 다 같은 인생을 80~90정도까지 살게 된다고 가정을 한다면 언뜻 보아서는 비슷한 시간을 살아온 것처럼 보인다. 그러나 엄밀하게 내용을 들여다보면 사람마다 살아온 삶의 내용은 천차만별일 수밖에 없다.

말로는 오늘 하루를 열심히 살아가는 것이 가장 잘사는 것이라고 되새기고 살기는 하지만 막상 오늘이 내 앞에 다가오면 까마득히 그런 다짐을 잊어버린다. '앞으로 살아갈 날들이 창창히 남아 있는데.'라는 생각으로 또 하루를 대충 살아가는 것이다.

사람들이 죽기 전에 꼭 해보고 싶은 버킷리스트를 정할 때 빼놓을 수 없는 것이 바로 여행이다. 여행만큼 인생의 아름다움과 즐거움을 느낄 수 있는 게 또 있을까 싶다.

나라의 경기가 아무리 어렵다 해도 공항에 나가보면 해외여행을 떠나는 사람들이 사시사철 넘쳐난다. 그 모습을 보면 지금 경기가 좋지 않은 것이 맞는가 하는 의구심이 들기도 한다.

열심히 일해서 돈을 쌓아두기보다는 살아생전에 자기가 하고 싶은 일을 해보는 것이 정말 중요하다고 생각한다. 솔직히 여행을 다녀오면 정신도 맑아지고 에너지가 넘쳐나게 되어 일도 더욱 열심히 할 수 있다.

요즘 젊은 친구들은 자신이 하고 싶은 일이라면 주저하지 않고 실행에 옮기는 생활방식이 밑바탕이 되어서 과감한 결정을 하고 멋지게 여행을 떠난다. 여행에 대한 기록도 차근차근 모아가면서 필요할 때마다 다시 보면서 즐거움을 회상하는 영양가 있는 생활을 하고 있다.

반면에 우리 시대에 태어난 꼰대들이야 기껏해야 제주도로 신혼여행을 다녀오는 것도 지금의 해외여행 이상으로 선택하기 쉽지 않은 환경이었다. 해외여행은커녕 쌀 보따리와 텐트를 걸머지고 완행열차를 타고 이곳저곳 바닷가 모래사장을 돌아다니면서 소주에 취해 취권을 하던 것이 최고의 낭만이었고 지금도 대부분 추억으로 간

직되고 있다.

하긴 국내에도 이곳저곳 멋진 장소가 적지 않으니 꼭 해외여행보다 내용이 부실하다고는 할 수 없겠지만 아무튼 비행기를 타고 밖으로 여행을 한다는 것은 현실적으로 상상하기조차 힘들었다.

요즘은 웬만한 시장 상인들의 계모임을 동남아에서 한다고들 한다. 그래서인지 누구나 쉽게 그에 동참하는 것이 대세가 되었다. 그런데 막상 여행을 갈 때마다 생각보다 그리 즐겁지가 않은 것은 무슨 이유인지 모르겠다.

수학여행을 가면서 귀찮다고 생각해본 적이 없었는데 그것도 해외여행을 가는데 어찌해서 마음 한구석이 이렇게 즐겁지 않은지 고개를 갸웃거려본다. 솔직한 여행 소감을 이야기하자면 집을 떠나면 개고생이라는 말이 딱 맞는 것 같다. 즐겁지 않은데 그것을 어찌 여행이라고 할 수가 있겠는가 말이다.

돈이 많아서 최고급의 여행을 한다면 조금은 여행에 대한 느낌이 다를지도 모르겠지만 얼마나 큰 차이가 있을지는 미지수다.

아무리 좋은 여행이라 해도 가능하면 한 살이라도 젊어서 해야 진정한 여행의 맛을 느낄 수 있지 치아가 다 빠져서 틀니를 하고 먹는 진수성찬이 무슨 소용이 있겠는가.

마음을 굳게 다지고 꼭 가고 싶었던 여행을 떠나려고 할 때는 이미 돈보다도 몸이 말을 안 듣는 시기가 되어 있다. 더군다나 단체관광이라면 단체를 쫓아다니지를 못해서 여행 과정이 오히려 힘겨운 시간이 되기 십상이다. 혹 겨우 따라다닌다 해도 버스에서 졸다가 끝나버리는 여행이 될 확률이 높다. 그러니 여행을 다녀와도 어디를 갔었는지 어디가 멋있었는지 기억에 남는 것이 없을 정도로 희미하고 그저 피곤했다는 생각만 머릿속에 꽉 차게 마련이다.

여행이라는 것이 즐거워지려고 떠나는 것이지 에베레스트 정복처럼 여행지를 정복하는 목적은 아닐 것이다. 그렇다면 신바람 나는 여행이 되어야 하는데 비행기를 타고 외지에서 잠을 자거나 낯선 음식을 먹으면 입맛이 떨어지고, 시차까지 겹쳐지면 컨디션도 엉망이 되어서 여행 자체가 노동이 될 수밖에 없다.

결론을 이야기하자면 나이 먹으면 집 밖을 나서는 자체가 고달픈 일이 될 테니 하루라도 건강이 좋을 시점에 다녀오라고 권하고 싶다. 그래야 다녀와도 좋은 기억이 머릿속에 남아 있고 행복한 추억으로 간직이 된다. 고생한 기억만 남게 된다면 굳이 돈을 들여 여행을 갈 이유가 없는 것이다.

특히 동남아의 싼 여행을 계획한다면 비행기를 밤중에 타고 새벽에 내려서 여행 스케줄을 따라다녀야 한다. 돌아오는 항공편도 긴 시간을 공항에서 지겹도록 대기하다가 새벽에 뜨는 비행기를 타고 새벽녘에 한국에 도착하는 것이 대부분인지라 피곤함의 극치를 이루게 된다.

결국 이런저런 상황을 따져보면 여행을 하는 가장 좋은 방법은 건강이 좋을 때인 지금 당장 떠나는 것이며 그것이 가장 싸게 여행을 다녀오는 방법이다.

하루라도 젊을 때 어디든 가고 싶은 곳이 있다면 당장 짐을 싸라!

늙어서 바람피우다 인생 종 친다

흔히 우리는 옷깃만 스쳐도 인연이라는 말을 한다. 불교에서는 이 옷깃을 스치는 미미한 인연도 500겁의 시간이 쌓여야 한다고 한다. 그런데 부부의 인연은 7,000겁이 쌓여야 가능하다는 것이다. 겁劫은 본래 불교 용어로 영원하고 무한한 시간을 뜻한다. 통상 40리 높이에 달하는 돌산을 백 년마다 한 번씩 천(치마 깃)으로 닦아, 그 돌산이 모두 닳아 없어지기까지의 시간을 말한다. 이를 계산하면 432만 년의 1,000배에 달하는 시간이다. 그러니 부부의 인연은 가히 계산조차 할 수 없는 소중하고도 소중한 인연이다.

대부분 주례사에서 빠지지 않는 멘트가 바로 검은 머리가 백발이 되도록 변하지 말고 서로 사랑하고 아끼며 살아가라는 말이다. 그런데 이 말을 지키고 살아가는 게 그리 쉽지만은 않다는 것을 부부생활을 해본 사람이라면 뼈저리게 느낄 것이다.

우스갯소리로 부부가 처음 만났을 때는 "당신 없으면 죽을 것 같아."라고 고백하는데 살다가 힘든 시기가 닥치면 "너만 안 보면 살 것 같아."라고 멘트가 바뀌게 된다고 한다. 공감이 가는 말이다.

어차피 한 번 사는 인생이니 가능하다면 이 여자 저 남자 마음 내키는 대로 살아보고 아니면 말고 하는 식으로 선택을 하는 세상이 되었으면 참 좋겠다는 꿈도 가끔 꾸어본다. 기회가 될 때마다 주변을 힐끗힐끗 훔쳐보기도 하면서 기회를 호시탐탐 노리고 살아왔지만 아직은 실현이 되지를 못했다. 혹 실현이 일부분 되었던 기회가 있었다 할지라도 마지막에는 그렇게 달콤한 엔딩으로 끝을 맺은 사람은 많지 않을 것이다.

나이가 젊어서야 한번쯤 그런 생각과 행동을 하더라도 조금 시간이 지나면 치유가 될 수 있기에 다행이다. 그러나 나이가 들어서도 아직 그런 생각을 버리지 못하고 늙은 들개처럼 먹잇감을 찾아서 침을 질질 흘리는 사람들이 있는데 위험천만한 일이고 아주 천한 모습으로 비추어진다.

거의 칠순이 다 되어서도 아직 정신을 차리지 못하고 이런 행동을 하는 분들을 보고 있노라면 참으로 철딱서니 없다는 생각이 든다. 그런 사람의 몇 년 후의 초라해져 있는 모습은 보지 않아도 명약관화다.

보편적으로 여자의 수명이 길다 보니 남자들이 늙고 수족을 못 쓰게 되면 아내가 뒷바라지를 하는 경우가 많다. 그러나 나이가 들어서도 정신을 못 차리고 속을 썩인 남편을 누가 뒷바라지를 해주겠는가.

옛말에 남편이 속을 썩이면 늙어서 보자는 이야기가 있듯이 지금은 참고 살지만 늙고 힘없으면 가만 두지 않겠다고 꾹꾹 참고 사는 아내들도 허다하다. 그것도 모르고 언제까지나 젊게 살 줄 알고 아내 속을 썩이다가는 늘그막에 얼마나 처참한 꼴을 당할 것인가는 두말할 필요조차 없다.

그래서 나이 들어서 해서는 안 될 일 중의 하나가 힘도 없으면서 껄떡대는 인간이 되어서는 절대로 안 된다는 것이다. 물론 이런 행동은 젊어서도 해서는 안 된다. 특히 나이가 들고 생활 형편이 어느 정도 되면 주변에 늙은 사람을 상대로 작정하고 꽃뱀이 다가온다. 돈을 노리고 오는 것도 모르고 좋다고 받아들였다가는 쪽박을 차게 된다. 또 혹시나 인터넷 범죄로 세상을 떠들썩하게 했던 'N번방'인가 하는 곳에 멋모르고 호기심에 접속했다가 온갖 창피를 당할지도 모를 일이다.

한번 잘못을 하면 아무리 나이가 든 아내라 할지라도 죽을 때까지 잊지 못할 것이다. 또 생각이 날 때마다 힘 못 쓰는 남편한테 퍼붓고 스트레스를 해소할 테니 참극도 그런 참극이 없을 것이다.

그동안 미우나 고우나 곁에서 나를 지켜준 아내한테 감사하자. 그리고 착한 아내와 함께 산 세월을 행운이라고 생각하고 나이 들어서 황혼 이혼을 당하지 말고 아내 치마에 대롱대롱 매달리자.

그동안 아내 속을 그렇게 많이 불편하게 했다면 "이제 마 고마해라!"고 말해주고 싶다.

귀농의 실체

나는 퇴직 후 소일거리가 변변치 않은 상황이다. 그러나 주변에는 아직까지도 꾸준히 일을 지속하는 친구들이 있다. 시골에서 농사를 짓거나 혹은 집안이 어려워서 처음부터 기능을 배웠던 친구들이다. 그들은 지금까지도 꾸준하게 일을 하고 있고 앞으로도 당분간은 일이 없어서 심심할 일은 없어 보인다.

물론 소득이야 많지 않아서 풍족하지는 않지만 지금 이 나이가 되어서도 자기 일을 지속할 수 있다는 것이 얼마나 행복한 일인가?

나는 대학을 나오고 좋은 직장도 다니고 사회활동도 부지런히 했으니, 노후의 삶은 당연히 내가 더 멋지게 살 수 있을 것은 너무나 당연한 결과일 것으로 생각을 했다. 자그마치 한 직장에서 30년을 열심히 일했으니 그래도 촌놈보다는 내가 조금은 더 낫겠지 하는 막연한 생각을 하고 있었다. 그러나 퇴직 후 만난 친구들은 내가 생각했던 것과 대부분 반대의 경우였다.

땅을 일구던 친구는 개발붐을 타고 자연스럽게 재력가로 변신했다. 땅도 없고 배움도 많지 않은 친구들은 일찌감치 산업전선에 뛰어들어 나름의 기술을 배웠다. 그 결과 지금은 퇴직 걱정이 없는 기능을 가지고 앞으로도 10년 이상 끄떡없이 먹고 살 수가 있는 상황이다. 오히려 공부를 열심히 해서 좋은 대학, 좋은 직장에서 엘리트로 걸어왔다고 자부하는 내가 더 걱정인 것이 현실이었다. 이럴 줄 알았다면 차라리 나도 기능 있는 직업을 가졌더라면 좋았을 걸 하는 생각이 드는 것도 사실이다.

요즈음 나는 귀농이라도 해서 살아보고 싶다고 생각하기도 한다. 그러나 농사일이란 것이 어디 그렇게 만만한가? 요즈음 농부는 트랙터나 타고 과일이나 거두고 인터넷으로 특용작물을 판매하는 등 환상적인 삶을 살 수 있는 사람으로 그려지기도 한다. 그러나 귀농으로 성공을 거둘 수 있는 사람이 과연 몇 명이나 될지 의심스럽다.

나는 어려서 학교에 다니면서도 어쩔 수 없이 농사일에 투입이 되었다. 어떤 때는 내가 학생인지 농사꾼인지 구분이 안 되는 경우도 있었다. 그때는 그렇게 하지 않고는 살 수 없는 세상이었다. 아이들이 농사일을 돕는 것은 너무도 당연한 일이었고 열심히 부모님을 돕다 보니 거의 농사꾼이나 다름없이 살았다. 농사를 짓는 일이 얼마나 어려운지는 익히 잘 알고 있다. 그래서 주변에서 누가 귀농을 하겠다고 이야기하면 솔직히 앞날이 걱정스럽다.

특히나 모든 농사일이 생각처럼 그렇게 깨끗하지도 않고 흙 속에 묻혀서 지렁이와 같이 일심동체가 되어서 살아가야 하는 험한 일들이 대부분이다. 우리가 TV에서 보던 그런 식의 농사일은 거의 없다고 보아도 될 것 같다. 그러니 어쩌면 오히려 나이 먹고 막판까지 고생을 사서 해야 하는 선택이 될지도 모르겠다.

어렵사리 시골 땅을 사서 귀농을 했다가 토지가 팔리지 않아 오도가도 못 하게 되는 경우도 허다하다. 또 특용작물을 한다고 덤벼들다가 농협 빚을 크게 지기도 한다. 농사라는 직업이 아무나 하는 일이 아니라는 사실을 깨닫고 조용히 물러나는 분들이 적지 않음을 고려해서 판단을 잘해야 할 일이다.

농사꾼 아니던가? 전원생활에 젖어서 시나 읊고 그림이나 그리는 것이 아니라 닭똥을 퍼서 열심히 부어야 기름진 농토가 되는 것이다. 소똥 냄새를 구수한 향기로 받아들여야 적응이 될 수 있다는 것을 명심해야 한다.

또 귀농을 하려면 충분한 체력이 있어야 하는데 퇴직하고 체력이 노화된 상태에서는 버티기가 어렵다. 또 준비된 것 없이 하나하나 허허벌판에 막대기를 꽂아 가면서 정착을 하려면 한계에 부딪히는 것이 한두 가지가 아니다.

그리고 나이가 들면 들수록 몸이 아플 확률이 높아져 의료 등 인프라가 잘 갖추어진 도시 주변에서 살아야 아프더라도 쉽게 병원에 갈 수 있다. 시골에서 살다가는 적시에 대응이 힘들 수도 있다. 특히나 시골에 정착하다 보면 도시처럼 완벽하지 못해 부부가 그 환경에 적응할 수 있는 능력이 되지 못하면 자칫 부부 사이에 틈이 생기게 될 수도 있다. 결국 도시와 농촌 두 곳에 갈라서서 각자 생활을 하는 웃지 못할 주말 부부가 탄생하게 되는 것이다. 실제로 전원생활을 하겠다고 도시를 떠나 살다가 여러 가지로 불편한 점이 많아서 다시 도시로 돌아오는 경우를 주변에서 적지 않게 목격하기도 했다.

그런데 시골에서 살겠다고 일단 농토를 구매하면 다시 매각하기도 쉽지 않아 다시 도시로 돌아오는 것도 쉬운 일이 아니다. 그나마 급매물이라도 팔리면 다행인데 나서는 사람이 없으면 결국 집과 땅을 팔지도 못하고 그냥 방치할 수밖에 없는 최악의 경우를 마주할 수도 있다. 그러니 귀농에 대한 로망이 있고 농사를 지을 수 있는 체력이 있다면 가까운 곳에 텃밭을 조금 분양받아 먼저 해보는 것도 좋은 방법이다. 의외로 농사가 재미있고 적성에 맞는다면 전세나 월세를 얻어 몇 년 살아본 후 완전히 귀농을 해도 늦지 않다.

다시 정리한다면 귀농은 젊어서 하는 것이지 나이 들어서 적응하기에는 많은 어려움이 있다는 걸 알기 바란다. 혹시 귀농을 꿈꾸는 사람이 있다면 심사숙고해서 결정하기를 권하고 싶다.

전원주택에 살다가 산 귀신이 될 수 있다

사람은 자기가 보고 싶은 것만 보는 측면이 있다. 자기가 관심이 있는 일이 있으면 어디를 가나 관심 있는 분야만 눈에 들어온다. 가령 신발 장사의 눈에는 모든 사람이 신고 있는 신발에 눈이 가고, 미용실을 하는 사람은 모든 사람의 머리 맵시가 먼저 눈에 들어온다. 그리고 먼 거리에서 자신의 관심사와 크게 관계가 없는 것을 바라볼 때는 대부분 좋은 모습만 눈에 들어오게 되어 있다. 그러다가 막상 내가 직접 관여를 하게 되는 순간 크고 작은 문제점들이 수도 없이 나타나게 되는 것이다.

공기 좋고 물 좋고 탁 트인 배산임수에 전원주택 하나 장만해놓고 살고 싶다는 생각은 한번쯤 해보았을 것이다. 그래서 장소를 물색하러 다니다 보면 이 좁은 땅덩어리에 허물어져 가는 전원주택이 전국에 널려 있는 모습에 깜짝 놀라게 된다.

처음 건물을 짓고 생활할 때는 정리도 잘 되어 있고, 정원도 잘 만들어져서 꽃도 피고 새도 지저귀며 깔끔한 전원주택이었다. 그러나 사람이 살고 있지 않아 곳곳에 무성한 잡초가 자라 있고 거미줄이 잔뜩 처져 있는 것을 보면 전원주택의 환상이 싹 가시게 된다.

오랜 생활 대도시의 찌든 생활을 청산하고 이제는 진정 조용한 곳에서 한적한 생활을 했으면 참 좋겠다는 생각도 당연하다. 시골의 공기 또한 대도시하고는 비교할 수 없을 정도로 좋기 때문에 여러 가지 장점도 분명히 존재한다. 문제는 그곳에서 일단 살아보면 얼마 가지 않아서 대도시가 그리워지고, 친구가 그립고 기존에 살던 곳이 그리워지게 된다. 이후 시간이 지날수록 전원주택에 머무는 시간이 점차 뜸해지면서 전원주택을 방문하는 횟수가 줄어들게 된다. 그러다가 아예 발길을 끊으면 전원주택의 모습은 서서히 잡초가 무성한 폐가의 모습으로 변모하게 되어 있다.

원래 스님들처럼 조용한 산속 생활을 즐기시는 분들에게는 너무 좋은 환경일 수도 있다. 그러나 요즘은 자식들도 각자 떨어져서 생활하는 시대라 찾아오는 사람도 거의 없다. 그런 한적한 곳에서 자연을 상대로 생활하다 보면 얼마 지나지 않아서 지루함을 견디지 못하게 될 것이다.

결국 사람은 사람들끼리 부대끼면서 살고 어울려 살아야 사는 맛이 나는 법이지 혼자서 조용히 사는 것에는 잘 적응하지 못하는 것이 자연스러운 것 같다.

전원주택을 지으려면 땅값도 제법 있을 것이고 건물을 짓는 데도 적지 않은 비용이 소요된다. 빈집으로 남게 되면 달리 활용도도 많지 않아서 폐허로 변하는 데 그리 오랜 시간이 걸리지 않는다.

현명하게 판단하자. 진정 대도시의 생활이 지루하고 싫어도 오랫동안 이미 습관이 된 상태이다. 또한 잠시 집을 떠나서 있다 보면 내 집이 그리워서 얼른 돌아오고 싶은 생각이 들기도 한다. 정 전원주택의 꿈을 접지 못하겠다면 다른 방법을 찾는 것도 좋다.

요즘은 시스템이 훌륭한 전 세계의 값싸고 좋은 호텔들이 널려 있다. 전원주택에 투자할 돈이 있다면 자유인이 되어서 아무 때고 훌훌 떠났다가 싫으면 다시 집으로 돌아오면 된다. 그런 생활을 선택하는 것이 전원주택을 짓고 개고생하는 것보다 천 번 낫다고 생각한다. 아니면 지금은 전국에 텐트를 칠 수 있는 환경이 잘 되어 있으니, 그런 곳을 예약하여 잠시 나갔다 오는 것도 권할 만하다.

말이 텐트지 그 안에 시설이 정말 잘 되어 있다. 여름에는 에어컨까지 틀고 지낼 수 있으니 한번쯤 경험해볼 만하다. 그리고 더 좋은 것은 나라에서 이런 데에 투자한 곳도 많다는 것이다. 조금만 찾아보면 손쉽게 좋은 장소에서 힐링을 할 수 있다. 또 저렴해서 부담도 없는 곳이 지천으로 널려 있는 세상이니 바보짓은 그만하자.

제행무상諸行無常

'제행무상諸行無常'은 불교 용어로 세상 모든 행위는 늘 변하여 한 가지 모습으로 정해져 있지 않음, 즉 "우주의 모든 사물은 늘 돌고 변하여 한 모양으로 머물러 있지 않는다."라는 뜻을 담고 있다. 결국 한 가지 일이나 의미에 너무 집착하지 말라는 의미로 쓰인다.

선조의 말씀 중에는 좋은 말이 참 많다. 요즈음 인터넷에서는 옛 선조의 금과옥조 같은 삶의 지혜를 들려주는 사람이 넘쳐나고 있다. 사람이 행복하게 살아가는 방법론 중에 물 흐르는 대로 사는 것이 가장 현명하고 행복한 삶이라고 한다. 처음에는 언뜻 무슨 뜻인지 잘 이해가 가지 않았다. 맥없이 인생을 살라는 것인지 이것저것 모두 포기하고 살라는 것인지 알 수 없었다. 좀처럼 좋은 의미로의 해석이 잘되지 않는 글귀였는데 그래도 지속해서 내 머릿속을 맴돌고 있는 문구라 한번 정리해보고자 한다.

요즈음은 이 말이 조금씩 이해가 가기 시작하는 것을 보면 나도 이제 나이가 들어가는 모양이다. 섭리에 따라서 순리대로 살라는 말로 시간이 흐를수록 삶의 지혜로 가까이 다가오는 듯하다.

젊었을 때는 이것저것 세상의 일들이 내가 마음만 먹으면 얼마든지 이룰 수 있다고 믿었다. 또 그런 생각이 긍정적으로 작용을 해서 계획했던 일들이 잘 이루어지지 않아도 반드시 이루겠다는 일념으로 열심히 살아왔다. 그런데 지금 되돌아보면 세상 대부분의 일이 나의 뜻대로 이루어진다기보다는 인생의 순리대로 차근차근 흘러가는 것이 아닌가 하는 생각이 더욱 지배적이다.

큰 틀에서는 생로병사를 벗어나지 않는 것 같다. 그런데 세속에 묻혀서 살다 보면 인생 전체를 쳐다볼 겨를도 없이 하루하루 먹고사는 일에 몰두하게 될 수밖에 없다. 그렇게 하루의 삶에 얽매이다 보면 나 자신이 어디에 가 있는지조차 깨닫지 못할 정도로 삶이라는 일상에 젖는다. 어떻게 세월이 흘러갔는지조차 깨닫지 못하는 사이에 환갑, 칠순의 나이에 접어들게 되는 게 우리의 인생인 것이다.

어디서 와서 언제 어디로 갈지도 모르는 인간이 무얼 그리 바쁘게

만 허우적거리면서 살아왔는지, 결국 인생은 빈손으로 저세상으로 사라져야 할 작은 미물에 지나지 않는 잠시의 삶인데 말이다.

무엇이든 하나라도 더 갖고자 모든 삶을 집중해왔다. 내가 갖기만 한다면 그것은 영원히 내 것이 되는 것이라 생각했다. 죽음이 현실이 되어 내 앞에 나타나기 전까지는 충분히 만 년은 살 것 같은 생각이었다. 조금이라도 내 것을 더 차지하기 위하여 아귀다툼하다가 삶의 대부분을 허비해버리는 모습이 어찌 그리도 대동소이한지 모르겠다.

이제 나이가 들면서 하나둘씩 본인의 뜻과는 관계없이 내려놓아야 할 시기가 되었다. 마지못해 나의 결심과 자제력에 의해서 깨우친 듯 내려놓는다. 실제로는 몸의 상태가 받아들이지를 못하니 방법이 없어 하나둘씩 내려놓는다. 한편으로는 늙어가는 것이 서글프고 어떻게 모은 재산인데 아까워서 어쩌나 하는 마음에 속이 타들어 간다. 그래도 자식한테 물려주고라도 간다면 속이 덜 쓰릴 것 같다. 어떻게 해서든 갖은 방법을 다 동원해서 세금을 적게 물고 자식한테 물려주고 나면 그나마 덜 아까운 생각이 드는 모양이다.

조금 더 일찍 물 흐르듯이 인생을 살아가는 것이 현명한 삶이라는 것을 깨달았다면 좋았을 것이라는 생각이 든다. 그랬더라면 인생이 그리 고되지 않을 수도 있었을 텐데, 죽기 전까지 그것을 깨닫지 못하고 붙들고 있으려니 얼마나 고된 삶이겠는가?

죽을 때는 모든 걸 다 내려놓고 빈손으로 가야 한다. 이야기를 귀담아 들어줄 사람도 없고 솔직히 광화문에서 태극기를 흔들어봐야 꼰대의 삶이 바뀌는 것도 없지 않은가?

지금부터라도 물 흐르듯 유연하게 살아가는 삶을 살아보아야겠다.

시간은 금인가?

시간은 금이라는 이야기를 수도 없이 많이 들어왔다. 내가 생각해도 충분히 동의할 만한 말이다. 아니 때에 따라서는 금보다 더 비싼 다이아몬드일 수도 있겠다. 하지만 퇴직을 하게 되면 내가 금 부자가 되어 있다는 사실에 깜짝 놀라게 된다. 하나님께서는 나에게 어쩌자고 이렇게나 많은 금을 주셨는지 감사하다고 해야 할까?

시간은 금이라 했고 진짜 금이라면 시장에라도 내다 팔면 큰돈이 될 수도 있을 텐데, 돈이 되지 않는 것을 보면 순금이 아니고 이미테이션인가 보다.

나도 그렇지만 퇴직한 사람들은 정말 금이 많은 부자가 맞는 것 같다. 남는 게 시간이니 금이 많은 것이고 모두가 부자라는 말이 틀린 소리는 아니다.

인생이 짧다고 누가 그랬던가? 그런데 나에게는 참으로 시간이 많으니 이 사실에 내가 즐거워해야 하는지, 복 받은 사람인지 반문해본다.

사실 시간이 금이라는 말은 맞는 것 같다. 그런데 시간은 나이가 들수록 세월의 빠르기가 점점 더 빨라진다. 요즈음은 하루가 어찌도 빨리 지나가는지, 특히 해가 늦게 뜨고 빨리 지는 겨울이 되면 세월은 그야말로 날아가는 화살보다 빠르다는 말이 실감이 난다.

따지고 보면 내 인생도 그리 많은 시간이 남아 있는 것 같지 않다. 그런데 당장은 시간이 너무 많아 도대체 이 시간을 어떻게 소비해야 하나 고심을 하고 있으니 참으로 모순이다.

솔직히 할 일이 없다. 이렇게 하는 일 없이 앞으로 100년의 세월이 주어진다 한들 무슨 소용이 있겠는가? 진정 내가 할 일은 없는 것일까?

그런데 곰곰이 생각해보면 그렇지 않다. 그동안 내가 습관처럼 해왔던 일 외에 내가 볼 수 있는 시야가 좁아져 있었을 뿐이다. 주변에 내가 할 일들이 무수히 많음에도 그것을 보려고 하지 않는 데에 문제가 있었다.

내가 조금만 눈높이를 낮추고 욕심을 거둔다면, 주변에 내가 해야 할 일들과 내가 필요한 사람들이 수도 없이 나를 기다리고 있다. 그동안 내 고정관념은 꼭 돈을 벌어야 의미가 있다고 생각을 했었다. 그러니 대가를 지불받지 못하는 일은 의미가 없다고 스스로 느꼈을 뿐이다. 사실 조금만 신경을 써서 주위를 둘러보면 의미가 있고 보람 있는 일들이 즐비하다. 즉 생각의 틀을 바꾼다면 진정으로 시간을 금처럼 사용하면서 살아가는 삶이 될 기회가 무수히 많다는 것이다.

본인이 어떻게 인생을 살아가느냐에 따라서 자신 앞에 주어진 시간이 금이 될 수도 있고 다이아몬드가 되기도 한다. 그러나 의미 없는 생각과 마음가짐으로 인생을 대한다면 자기 앞에 아무리 수천 시간이 있다 해도 무의미할 뿐이다.

모든 것이 부처님 손안에 있다. 내가 깨우치고 올바른 삶을 하루하루 열심히 살고자 한다면 진정 나에게 주어진 시간은 금보다 더 귀한 의미가 있는 인생이 될 것이다. 그러니 항상 주어진 것에 감사하자. 가진 것이 많지 않아도 주변을 배려하고 사랑하고자 하는 마음을 갖자. 그렇게 살아갈 수만 있다면 잠시를 살아도 천만 년의 삶을 누린 것처럼 멋진 인생이 될 것이다.

언제 죽을지도 모르고 잠시 왔다가 결국은 빈손으로 돌아가야 한다면 내가 가진 모든 것을 나누어주어도 아깝지 않을 것이다. 담담히 주어지는 하루하루에 감사하며 밝은 햇볕을 다 같이 나누면서 더불어 살아가는 삶을 살아보자.

소주 찬가

대부분의 우리나라 사람들은 중국이 우리보다 문화 수준도 낮고 생활수준도 낮다고 생각한다. 하긴 내 나라도 구석구석 다녀보지 못한 사람이 중국이라는 나라를 알아봐야 얼마나 알 수 있겠는가?

중국은 우리나라와 가깝지만, 솔직히 우리는 중국에 대해 아는 것이 너무 미미하다. 더욱 위험한 것은 중국에 대해 너무도 모르면서 중국에 대해 이렇다 저렇다 쉽게 평가한다는 것이다.

중국에 관한 책을 쓰는 사람들은 대부분 기껏 해봐야 몇 년, 고작해야 대도시 주변 몇 군데에서 생활하다가 돌아온 사람들이다. 그 경험담을 가지고 중국이 이렇다 저렇다 마치 중국 전문가가 된 듯 평가를 한다. 그걸 보면 아마도 중국 사람들이 웃을지도 모른다.

지금부터 중국 사람들의 술과 관련한 글을 써보고자 한다. 중국은 땅덩어리도 넓고 사람도 여러 종류이다 보니 각 지역의 술과 담배도 수백 가지다. 개중에는 우리가 많이 접해본 고량주 같은 술도 있다. 중국은 인구가 많기 때문에 별의별 일들이 다 생긴다. 따라서 가끔 결혼식 하객들이 가짜 술을 먹고 여러 명이 사망을 했다는 소식을 듣기도 한다.

사실 중국인들은 술과 담배 인심이 후하다. 그리고 중국 사람들이 마시는 술 대부분은 옥수수나 쌀로 빚어진 술이다. 중국의 술은 도수가 40~50도를 넘나들 정도로 독하기도 하고 60도에 가까운 술들도 있다.

중국인들은 워낙 술을 즐기는 민족이다. 백주를 자주 마시는 중국인은 한국의 소주는 도수가 약해서 꽤 여러 병을 마실 수 있을 것이라 생각한다. 실제로 처음 대하는 사람들도 한국의 소주를 여러 병씩 마시는 모습을 목격한 적이 많다. 문제는 술을 마시고 난 이후의 평가이다. 한국 소주를 마신 후 중국인들은 다음에는 죽어도 소주를 마시지 않겠다고 선언한다. 왜냐하면 마시고 나서 바로 토하는 사람들도 있고, 무엇보다 머리가 너무 아파서 죽을 고생을 했다고 말한다. 사실 소주는 중국술과 비교해 도수가 약해서 마시기에는 무리가 없다. 하지만 술을 먹고 난 다음 날은 거의 일상생활을 할 수 없을 정도로 깨는 데 시간이 걸린다.

중국은 여자들도 약주를 좋아한다. 한번은 마케팅 담당자와 워크숍을 함께 진행하고 그다음 날 버스로 상하이를 관광하는 스케줄에 참여했다. 저녁 만찬 때 불고기에 소주를 마시는 메뉴가 있었다. 마실 때는 큰 무리 없이 신나게 마셨는데, 다음 날 버스 관광을 하던 중 버스 안에서 여러 사람이 토하는 진풍경이 벌어지기도 했다.

그런 소주를 나는 평생 몇 병이나 마셨을까? 하도 많이 마셔서 그 병의 개수를 헤아리기 어려울 것 같다. 적당히 먹으면 상관없으나 머리가 깨지도록 아픈 데도 마시고 또 마셨다. 지금 생각하면 어떻게 그렇게 할 수 있었는지 나 자신도 모르겠다. 그러고 보면 술을 좋아하고 잘 먹는 우리 민족도 참 대단하다는 생각이 든다.

나는 주로 소주를 마신다. 그러다 보니 양주나 다른 술은 좀처럼 마시게 되지 않고 이제는 습관이 되어서 그런지 다른 술로 갈아타기가 쉽지 않다. 그동안 다른 술로 갈아타보려고 여러 번 시도하기도 했다. 그러나 비싼 양주를 마셔도 소주를 마신 것보다 못 했고 와인을 마셔도 기분 좋게 마신 기억이 별로 없다. 그래서 어느 순간부터는 그냥 죽을 때까지 소주와 막걸리나 마시다가 죽어야 하지 않을까 하고 포기한 상태다.

간혹 쇼핑할 때 무수히 많은 종류의 술들이 전시된 것을 본다. 혹시 저 많은 술 중에서 나에게 딱 맞는 멋진 술이 있을지도 모른다는 생각이 들어 한두 병 사 오기도 한다. 그런데 막상 집에 와서 시음하고 나면 결과는 십중팔구 '이건 아닌데.'라고 후회하는 경우가 대부분이다. 어떤 술은 쓰고, 어떤 술은 머리가 아프고 속도 쓰리고, 어떤 술은 향이 좀 거슬리고, 결국 나에게 딱 맞는 술은 뭐니 뭐니 해도 소주가 최고라고 생각한다. 아마도 나는 소주를 즐겨 먹어야 할 운명을 타고났는지도 모르겠다.

그렇게 오늘도 한 잔, 내일도 한 잔 술을 마신다. 그렇다. 소주면 어떻고 막걸리면 어떠한가? 한평생 살면서 나와 기쁨과 슬픔을 수도 없이 같이했던 진정한 우정의 술은 결국 소주다. 중국 사람들은 소주보다는 그래도 쌀과 옥수수로 빚은 중국술이 좋다고 하겠지만 나는 강력하게 그냥 소주와 남은 인생을 같이하고 싶다.

그래도
공평한 것은 있다

나는 살아오면서 이놈의 세상이 어찌 이리도 공평하지 않고 가진 자들만을 위한 세상인지 두고두고 불평을 많이 해왔다. 그런데 한 가지 공평한 것은 인간은 누구나 똑같이 죽는다는 것이다.

요즘 세상에는 부실한 사람들을 너무 많이 배출해서 개인적으로 불만이 적지 않다. 하지만 이것 하나만은 하나님이 참으로 공평한 조건으로 인간을 만드신 것을 인정한다.

얼마 전 우리에게 수많은 웃음을 선사했던 코미디언 남보원 씨와 자니윤 씨가 운명했다는 이야기를 듣고는 적지 않게 안타까웠다. 그런 분들은 명을 좀 길게 주셔서 우리를 더욱더 즐겁게 해줘도 좋겠다고 생각했다. 조물주 하나님은 이점에 대해서는 양보가 없으신 모양이다.

"60세에 저세상에서 날 잡으러 오거든, 아직은 젊어서 못 간다고 전해라."는 유행가 가사도 있다. 나를 잡으러 오시는 시점에 그렇게 핑계라도 대고 안 잡혀갔으면 좋겠다. 현실이 그러하지 않다 보니 이러한 노래가 유행했던 것 같다.

요즘은 유일한 낙이던 TV도 보고 싶지 않다. 한동안은 트로트를 듣고 위안으로 삼았었다. 그런데 트로트도 한 방송만 하면 되지 시청률이 잘 나오니 리모컨을 돌리면 여기도 트로트, 저기도 트로트 온통 트로트만 방송한다. 이제는 지겹고 그 예쁘던 여가수도 예뻐 보이지 않는다.

누구나 다 오래 살고 싶어 하지만 인간이 죽지 않고 오래 산다면 부작용 또한 적지 않으리라. 또 나만 오래 살아야 내가 여러 가지 재미도 좀 더 보고 살 수가 있지, 다 같이 오래 산다면 즐겁기보다는 짜증스러운 삶이 될 것 같기도 하다.

지금껏 죽기 살기로 서로 경쟁을 하면서 치고받고 싸웠다. 그런데 앞으로 다 같이 오래도록 살면서 또다시 그런 세상을 살아가야 한다면 노땡큐다. 차라리 다 같이 일찍 죽는 것은 동의하지만 다 같이 오래 산다면 글쎄다. 적당히 살다가 힘들었든 좋았든 일단락 짓고 저세상에서 다시 시작하든지 했으면 좋겠다.

한편으로는 건강하게 오래 살기 위해서 운동도 꾸준히 하면서 절에만 가면 건강하게 오래도록 살게 해달라고 빌기도 했다. 부처님께서 이야기를 들어주실 듯하면 만 원짜리도 선뜻 시주함에 넣었다. 그러나 주변에 내로라하는 인물들이 하나둘씩 사라져 자연으로 돌아가는 모습을 보고 있노라면, 부처님께 오래 살게 해달라고 시주했던 것에 대한 본전 생각이 난다.

개중에는 젊음을 유지하기 위해서 별의별 짓을 다 하고 다니는 나이 든 분들도 목격하게 된다. 그러나 좀처럼 멋있어 보이는 것과는 거리가 있는 것 같고, 오히려 추접스럽게 보이기도 하고 측은하게 보이기도 한다. 아름다운 모습과는 거리가 먼 것 같다.

아침마다 무리하게 역기를 번쩍번쩍 들고, 헬스장의 젊은이도 하기 힘든 운동기구들을 가볍게 들어 올리시는 분들도 종종 있다. 그런데 과연 그런 것이 노인의 신체조건에서 얼마나 도움이 될지는 모르겠다. 나는 단풍이 다시 푸르러지는 것을 본 적이 없다.

혹시 모르겠다. 워낙 세상이 발전을 거듭하고 생명과학과 인공지능 등이 발전하는 세상이 되었으니, 다시 젊음을 되찾아 아들보다 더 젊은 아비가 될 수 있는 날이 멀지 않을지도.

아무튼 인간의 수명에 대한 것만큼은 공평한 세상에서 사는 것은 맞는 것 같다.

죽는 데는 순서가 없다

조상들을 모신 공동 묘원에 들를 때마다 잠시 주변을 살펴본다. 그런데 그 많던 주변의 빈자리가 얼마나 빨리 없어지고 새롭게 임자가 생기는지 곧 분양이 마감될 것 같다.

우리처럼 베이비붐 세대에 태어난 사람은 분양이 끝나기 전에 어서 청약을 서둘러야 할지도 모른다. 혹 그렇다면 살아서는 강남에 입성을 못 했지만 죽어서 만큼은 좋은 자리에 누울 수 있으리라는 생각도 해본다.

공동 묘원은 부모님을 비롯한 삼촌들 그리고 윗대 조상님들이 다 같이 모셔져 있으니 서로 외롭지는 않겠다는 생각이 든다. 혹 돌아가

셨어도 고부간의 갈등으로 고생을 하고 계실지도 모르겠다.

하지만 솔직히 내가 그곳에 같이 묻힐 것이라고 생각해본 적이 없는 것이 사실이다. 그 장소는 우리 부모님을 위한 장소이지 나하고는 아무런 상관이 없는 장소라고 생각해왔다. 그러나 나도 얼마 있으면 부모님 곁에 묻혀야 한다는 사실이 요즈음 피부에 와 닿는다. 이곳저곳 묘지의 비석을 살펴보니 부모님 연세가 대부분이기는 하다. 그러나 의외로 일찍 세상을 등지고 이곳에 와서 묻혀 있는 내 나이 또래의 조상도 제법 있다. 아니 나보다도 훨씬 어리거나 간혹 내 자식만큼이나 젊은 사람들도 적지 않게 눈에 띈다. 100세 인생이라는 단어가 내 머릿속에서 사라져가는 느낌이다.

요즘 들어서 부쩍 주변에서 고독사孤獨死하는 노인들의 이야기가 들려오는데 남의 이야기처럼 들리지 않는다.

지금 나도 아들 둘이 모두 미국에서 생활하고 있다. 내가 만약 죽게 된다면 내 곁에서 나를 지켜줄 사람이 과연 있을까? 그래도 '누군가는 있어 주겠지.'라는 막연한 믿음을 가지고 있지만 앞으로 시간이 좀 더 흐르면 나 자신이 고독사의 대상이 되지 말라는 법도 없을 것 같다.

얼마 전에 TV에서 조상의 산소를 시멘트로 덮어버리는 방송을 본 적이 있다. 처음에는 조금 지나치다는 생각이 들었다. 그러나 다른 한편으로는 오죽하면 저렇게 처리했을까 수긍이 되는 부분도 있다.

나는 시골에서 자라서 논밭에 가서 풀을 뽑고 낫질하는 것이 손에 익었다. 그런데 도시에서 자란 아들들이 명절 때 고향을 찾아서 부모님 산소의 풀을 깎는 일을 하려면 여간 힘든 일이 아닐 것이다.

우리 세대는 여러 명 자식을 낳았기 때문에 부모의 산소를 형제간에 서로 어울려 관리해왔다. 그렇지만 내 자식이 과연 내 산소를 나처럼 돌보아줄 여건이 되겠는가? 또 우리 다음 세대는 아예 자식을 낳고 살지도 의문이다. 그때가 되면 무덤은 온통 잡초로 무성해 어디에 있는지 찾기도 힘들 것이다. 그래서 요즘은 화장이 더 성행하고 있다. 또 조상의 묘도 다 같이 이장을 해서 함께 납골당이나 공동 묘원으로 간단하게 모시는 집안도 많이 늘고 있다.

그런데 그렇게 만들어놓은 곳도 일정 기간 시간이 지나면 더는 찾아오는 사람이 없게 될 것이다. 결국 관리비 납부가 제대로 되지 않아 관리소에서 마음대로 처리해버릴 거 같다. 지금도 이런 상황이 종종 있는데 앞으로야 더 말할 필요조차 없을 게 뻔하다.

한때는 수목장이라고 해서 나무 밑에 고인의 뼛가루를 묻는 경우도 많았다. 나무 밑에 흔적 없이 묻는 것은 좋다. 그런데 그 나무에 누가 묻혀 있다고 이름을 표시해놓으니 지나가는 사람들이 보기 좋지 않다고 한 마디씩 던지고 간다. 묻혀 있는 영혼이 얼마나 불편할까 싶다.

아무튼 아직은 그런 걱정을 할 시기는 아니지만, 죽어서도 관리비 독촉장이나 받지 않을까 은근히 걱정이 된다.

그러고 보니 내 친구들도 적지 않은 수가 이미 저세상으로 갔다. 물론 사람은 각자 주어진 대로 명이 길기도 하고 짧기도 하지만, 지금은 의학이 발달해서 조금 더 오래 살 수 있을 것이다. 그러나 지금이 100세 시대이니 다 같이 100세까지는 무리 없이 살 수 있을 것이라는 생각은 착각인 것 같다.

오히려 현명하게 인생을 살고자 한다면 당장 내일이라도 죽을 수 있다는 생각을 받아들이고 삶에 성실하게 임해야 한다. 주변에서 100세 인생이라고 하니 나도 그럴 것이라고 막연한 생각에 사로잡히면 안 된다. 그렇게 나태한 삶을 살게 된다면 아마도 막상 죽음이 닥치면 막심하게 후회할지도 모를 일이다.

어떻게 사는 것이 잘사는 것인지 방법을 고심하고 또 고심해본다. 그나마 현명하게 인생을 잘사는 방법은 오늘 주어진 하루의 삶을 가장 성실하고 부지런히 살아가는 것이다.

그렇게 살다 보면 어떻게 해야 내가 삶을 잘사는 것인지에 대해서도 깊은 성찰을 하면서 살 수 있다. 쓸데없는 과거의 잘못에서 헤어 나오지 못하고 힘들게 살지도 않을 것이다. 또 오지도 않은 미래에 대한 수많은 상상과 걱정으로 머리 아파하는 삶을 최소한 피할 수 있지 않을까 싶다.

죽는 것이야 내가 좌지우지할 수 있는 것이 아니니 더욱이 걱정할 거리가 못 된다. 지난 잘못이야 지금 고심을 한다고 해도 다시 어쩌지 못하는 지나간 일이 되어버렸으니, 생각해봐야 아무 의미가 없는 일이다. 다만 살면서 생각해야 할 것은 오직 주어진 하루하루를 어떻게 하면 잘살까 하는 것에 집중하는 것이 가장 최선이 아닐까 싶다.

누워 있는 자들에게 물어보라. 이유 없이 그곳에 누워 있는 자들이 과연 몇이나 있겠는가? 어제는 그들이 갔지만 조만간 곧 내 차례가 올 것이다. 그러니 하루를 살더라도 마음 편하고 후회 없이 살자.

인생은 GTX급

부지불식간에 내 나이가 환갑이 되었으니 나도 제법 적잖은 세월을 살아온 것 같다.

그동안 삶이 무엇인가 끊임없이 질문을 해오면서 살았다. 기왕에 태어난 것이니 열심히 행복하게 살자고 노력했다. 그러나 솔직히 내가 어디를 향해서 무엇을 향해서 이렇게 달려온 것인지 아직도 잘 모르겠다.

그리고 왜 그리도 바쁘게 허겁지겁하면서 살았나 하는 의문이 든다. 좀 더 편하게 살기 위해서, 좀 더 갖기 위해 끝없는 욕심과 욕망을 가지고 살아왔던 과거가 너무 허망하게만 다가온다.

어찌하다가 내가 이 세상에 합류하게 되었을까? 어떻게 집을 나간 강아지처럼 여기저기 쏘다니면서 살아왔을까? 내가 진정 도착해야 할 목적지는 정해놓고 달려온 것인가? 내가 내 삶의 끝을 스스로 정할 수 있는 자격이 있는가? 이렇게 나 스스로 반문해본다.

지금까지 방랑해왔고 아마 앞으로도 이와 비슷한 생활을 크게 벗어날 수는 없을 것이다. 그렇다고 누구 하나 나에게 삶에 대한 진솔한 이야기를 해줄 수 있는 자가 있을 것 같지도 않다. 어찌 되었든 하루하루 마무리를 향해서 걸어가고 있는 것만은 틀림없다. 어떻게 정리를 하고 가야 하는지 답답하기만 하다.

사람은 똑같이 두 눈을 가지고 있어도, 사물을 보는 관점에 따라 보는 내용이 모두 다르게 보인다. 두 귀가 똑같이 있어도 듣는 이의 생각에 따라 자기가 듣고 싶은 것 위주로 듣는다. 즉 살아가면서 비슷한 인생을 살아왔음에도 보고 들은 내용이 다를 수밖에 없는 것이다. 그러니 개개인의 생각하는 바와 판단하는 바는 당연히 다를 수밖에 없다. 그런데 내가 보고 듣는 내용을 상대방도 똑같이 듣고 같은 감정을 가질 것이라는 착각에서 서로 많은 의견의 충돌이 일어나는 것이다.

시간이란 개념 또한 60여 년을 살아보니, 이제야 각각의 생활방식에 따라서 길 수도 있고 짧을 수도 있다는 생각이 든다. 다 같이 90세를 살았다 할지라도 그 내용에 따라서 삶의 길이는 천차만별일 것이다.

나이를 먹을수록 왠지 모르게 세월이 자꾸만 빨라진다. 내가 운전하지도 않았는데 자율주행 운전으로 시간이 지나간다는 느낌이 든다. 겨울철은 늦잠을 자고 일어나 겨우 두 끼를 챙겨먹을 뿐인데 어느새 하루가 훌쩍 지나 있다. 어느새 오후 늦은 시간으로 향하고 있는 것이다. 이러다가는 남아 있는 시간이 수십 년이라고 해봐야 그리 많이 남아 있는 것도 아니겠구나 하는 생각을 한다.

어떻게 하면 남은 노후를 잘 준비해서 살아볼까 하는 계획을 세워본다. 이때 가장 계산기를 잘못 두드리는 것이 아마도 노후의 시간개념과 물건의 값어치에 대한 계산일 것이다. 몸이 그리 빨리 노화되지 않을 것이며, 자신은 아주 오래 살 것이라는 막연한 계산 착오가 가미된다. 그러니 내가 상상했던 노후의 모습과는 거리가 먼 세상이 눈앞에 펼쳐지게 되는 것이다.

보험회사에서는 전문적으로 그러한 내용을 철저하게 분석하여 냉철하게 상품을 개발한다. 사람이 그리 오래 살지 못한다는 확실한 통계자료를 바탕으로 보험 조건을 만든다. 그래서 절대 손해를 보지 않는 땅 짚고 헤엄치는 사업을 한다. 우리야 먼 미래까지 바라다보면서 냉철하게 판단을 할 만한 입장이 못 된다. 그래서 보험회사건 은행이건 돈을 꼬박꼬박 갖다 바치는 일을 수십 년간 해온 것이다. 지금 생각해보니 보험도 반 이상은 사기 수준이었음을 알게 되고 뒤늦은 후회를 해보지만 이제는 아무 소용이 없다.

지금부터라도 젊어서의 시간과 나이 들어서의 시간에 대한 개념을 철저하게 다시 계산해야 한다. 그래야 이미 버스가 지나간 정류장에서 마냥 기다리는 일이 줄어든다. 결국 주어진 시간을 쓸 수 있는 능력이 부실하다면 나에게는 쓰레기에 불과한 시간이 될 것이다.

삶을 지혜롭고 즐겁게 살아가기 위해서는 어떻게 해야 할까? 나이 들어서의 시간이 과연 나에게 어떤 식으로 다가올 것인가에 대한 고심을 해야 한다. 나이 들어 주어지는 시간을 가지고, 시간의 값어치를 계산에 넣고 살아야 진정 의미 있는 노후에 후회하는 일이 줄어들 것이다.

솔직히 앞으로 30년을 더 살게 되어 90까지 산다고 생각해본다. 아마도 실질 가치의 시간개념으로 본다면 그것의 1/3 정도인 10년 정도밖에 주어지지 않은 것이라고 생각을 하고 살아도 무방할 것이다.

그런 계산방식으로 삶을 대하다 보면 느긋하게 시간을 낭비할 수가 없다. 주어진 시간을 의미 있게 보내기 위해서 많은 노력을 기울이는 자세가 될 것이다. GTX 노선은 이미 내 인생에 개통이 되어 있는 노선이다.

어차피 내 것이 아닌 것들

퇴직 후 집에서 놀기만 하는 게 미안해서 슬금슬금 아내 눈치를 보다가 청소기를 돌리겠다고 자원해서 나섰다. 아내는 처음에는 무척 고맙게 생각했다. 그런데 시간이 흐르면서 어느새 청소기 돌리는 일이 나의 기본 임무가 되어버렸다.

이럴 줄 알았다면 청소기라도 빵빵한 것으로 하나 장만해놓을 것인데 지금 것은 빨아들이는 힘이 너무 약하다. 몇 번이고 같은 곳을 반복해야 겨우 청소가 되니 집안 구석구석 돌고 나면 힘에 부친다는 생각이 들 때도 있다. 그렇다고 아내가 청소기를 새로 사줄 것 같지도 않다. 요령을 피워서 대충대충 청소하다 보면 금세 농땡이 치는 것을 알아차린다. 그러니 요령을 피우기도 쉽지 않다.

자기가 알아서 빙빙 도는 로봇청소기를 부려 먹으려면 실랑이를 해야 한다. 말이 로봇이지 구석에 한번 처박히면 배를 째라고 버티기 일쑤다. 그럴 때마다 아내한테 똑바로 못 한다고 잔소리만 더 듣게 된다.

온 집안을 빤짝빤짝하게 닦고 광을 내던 아내가 언제부터인지 슬슬 집안일을 나에게 떠맡기고 있다. 집안 청소하는 일들을 버거워하는 아내의 모습이 종종 눈에 띈다. 나보다도 아내를 위해서 생각을 다시 해봐야겠다. 이대로 더 나이를 먹게 되면 집안 청소하는 것조차 힘든 일이 될 듯싶다. 차라리 평수가 조금 작은 곳으로 이사를 하면 좋겠다는 생각이다. 아내는 집을 줄여가자는 소리는 귓등으로도 안 들으려 한다. 시간이 지날수록 집안 청소는 내 책임으로 서서히 다가오는 느낌이다.

하긴 지금은 돈도 못 벌고 집안에 크게 도움이 되지도 않으니 현실을 받아들여야 한다. 청소라도 열심히 해서 보탬이 되는 것도 나쁘지는 않다. 그런데 문제는 나도 조금씩 기쁜 마음으로 청소하기보다는 힘에 부친다는 느낌을 자주 받게 된다. 이렇게 대충대충하다가는 자칫 아내에게 밥이나 제대로 얻어먹을 수 있을까 싶다.

청소하면서 아내 몰래 집안의 장롱 속이나 구석구석에 놓여 있는 물건들을 하나하나 살펴본다. 일 년 내내 한 번도 쓰지 않는 물건들이 수북이 쌓여 있다. 조금 세월이 지나면 남을 주기도 그렇고 아마도 쓰레기가 될 물건들이 거의 반 이상은 되는 것 같다. 하지만 버릴 것을 버리고 깨끗이 정리 좀 하자는 나의 조심스러운 제안을 아내는 귓등으로도 듣지 않는다. 아마도 그동안 손때가 많이 묻어서 정이 꽤 들었나 보다. 막상 버리겠다고 마음을 먹으면 섭섭함에 감히 행동으로 옮기지를 못하는 것 같다.

작년 초인가 강원도에 산불이 났을 때 화재 이재민을 돕기로 생각한 적이 있다. 의류가 도움이 된다는 소식을 접하고 이때다 싶어서 아내를 설득하여 꽤 많은 옷가지를 정리했다. 하지만 막상 보내려고 통화를 하니 옷이 새 옷인가 헌옷인가 물어보았다. 입던 옷이라면 되도록 보내지 말라고 한다. 화재가 모든 것을 휩쓸고 가서 살림살이가 아무것도 없다고 하면서도, 막상 헌옷가지는 싫다고 한다. 그럼 새 옷을 사서 보내야 할까? 아니면 정부가 다 알아서 새 옷을 제공하는 걸까? 나랏돈이 많으니 조만간 정부 세금으로 모든 것을 다시 사려는 것일까? 굳이 헌옷가지를 뭐 하러 보내서 쓰레기를 처리하게 만드느냐는 일부 불만이 섞인 의미로도 들린다.

그렇다고 이미 싸놓은 옷을 다시 헤쳐서 풀기도 힘든 일이었다. 아내에게는 보내준다고 들고 나와서 재활용품 옷가지를 수거하는 곳에 쌓아두었다. 이제는 상태가 아무리 깨끗한 옷이라 할지라도 이웃에게 나누어준다는 생각은 자칫 오해를 살 수가 있는 시대가 된 것 같다.

하긴 우리나라가 얼마나 잘사는 나라인데 헌옷을 보내주겠는가? 나라가 다 알아서 해줄 것이고 모자라면 세금을 더 걷으면 될 간단할 일 아닌가. 요즈음은 불우이웃을 돕는 것도 현찰이 아니면 안 된다는 사실을 이제야 터득을 하고 있으니 나도 참 우매한 인간이다.

이야기가 조금 빗나갔지만, 집안에 쌓아만 두고 일 년 내내 한 번도 쓰지 않는 물건들이 구석구석 넘쳐나고 있다. 솔직히 집안이 쓸모없는 것들로 빽빽하다. 아마 나의 생활 습관이나 머릿속도 이와 비슷할지도 모른다. 아니 오히려 더 쌓아놓을 수 없을 정도로 머릿속이 넘쳐나 별의별 욕심으로 꽉꽉 차 있을지도 모르겠다.

스스로 쓸데없는 것을 수도 없이 짊어지고 삶을 살면서 고되고 힘들다고 할 일이 아니다. 내가 가지고 있는 것, 내가 생각하는 일들이 과연 내 삶을 살아가는 데 얼마나 긴요하고 필요한 일들인지 곰곰이 생각해야 한다. 아마 90%는 살아가는 데 전혀 도움이 되지 않는 쓸데없는 생각들로 내 머리가 채워져 있을 것이다.

어차피 올 때도 빈손으로 왔고 갈 때도 빈손으로 갈 수밖에 없다. 언제까지 이렇게 복잡하게 삶을 살려고 하는지 반성해볼 일이다.

대부분 내가 자초하고 복잡하게 일을 만들고 있다. 그것이 힘들고 고통스러운 삶인데도 자고 나면 또다시 욕심이 하늘을 찌른다. 하나라도 더 갖고자 혈안이 되어서 헤매는 모습이 부끄러울 뿐이다.

혼자서 장구 치고 북 치고 머리도 아프고 몸도 피곤하고 짜증을 부리면서 살아갈 일이 아니다. 그다지 필요치 않은 일들은 내려놓고 가볍게 삶을 살아가는 지혜를 얻자.

죽으면서 가져갈 수 있는 것이 있다면 나에게 조용히 이야기해달라. 혹시나 코로나바이러스가 저세상에서 걸리면 위험할지 모르니 마스크는 한두 개라도 챙겨서 떠나야 할까?

오늘도 한 잔,
내일도 한 잔

어느 코미디언 출신 가수가 부르는 노래를 듣고 나면 참 기분이 좋아진다. 노래만 들어도 내가 취하는 기분이 들기도 하고 인생을 사는 맛이 난다고 해야 할까?

인생을 살아가면서 술과 노래가 없다면 재미가 없어서 어찌 살았을까 싶기도 하다. 조금 아쉬운 것은 내가 술은 지극정성으로 즐겼지만 춤을 배우지 못해서 아쉬움이 두고두고 남는다.

지금 다시 춤을 배운다고 해도 입 냄새가 고약한 내 곁에 어느 여인이 다가와서 같이 춤을 추어줄까? 그래도 술은 슬프고 고되고 힘들 때 내 곁에서 항상 위안을 주고 가슴을 보듬어주던 진정한 친구였으니 참으로 고맙고 감사하다.

하지만 지나고 보니 술을 좋아했던 이유로 내 몸의 상태가 많이 부실해졌다. 지금 곰곰이 몸 상태를 되짚어보면 과음으로 인한 부작용의 결과가 내 몸속에 깊숙이 배어 있다고 생각된다.

지금은 술을 먹고 싶어도 그리 많이 마시지도 못한다. 어쩌다가 조금이라도 과음을 하게 되면 그 부작용이 대단히 오래도록 지속이 되는 것을 피할 수가 없게 되었다. 이런 증상은 이미 오래전부터 전조증세를 보여 왔다. 심할 때는 병원을 찾아서 처방을 받고 겨우 회복되고는 했다. 그래도 언제 그랬냐는 듯이 또다시 한잔 술에 취하고 나면 머리가 깨지는 듯한 고통을 반복한다. 역시 인간은 고통스러운 것도 잘 잊는, 효율적이며 우매하기까지 한 구조가 틀림없는 듯하다.

대부분 몸이 괴로워지면 병원을 찾아가고 의사로부터 진단과 약처방을 받는다. 생활 습관에 대한 철저한 당부의 말도 듣고 온다. 그러나 약을 먹고 몸 상태가 조금 나아지면 언제 그랬냐는 듯이 다시금 이전의 생활 습관으로 되돌아가는 것이 일상화되어 있다. 급기야는 몸 상태가 초토화되어서 다시 병원을 찾게 된다. 결국 몸 자체가 더는 그런 생활을 받아들이지 못하는 상황에 부닥쳐야 잘못된 습관을 끊게 되는 것이다.

우리 다 같이 쿨하게 인정하자. 그리고 내 몸에 감사를 드리자. 그렇게 수도 없이 독한 소주를 평생 마셨음에도 아직까지 몸뚱이가 건재한 것을 보면, 내 몸에 진정으로 감사의 말을 전해야 할 것 같다. 그리고 그 독한 담배를 평생 피워 왔다면 이런 환경에서도 아직 멀쩡한 내 몸뚱이는 차라리 기적이라고 해야 할 것이다. 지금까지 잘 버텨준 내 몸뚱이에게 진정한 사과를 하고 이제부터라도 올바른 생활 습관으로 개선해야 할 시기이다.

그래도 끝까지 술을 곁에 두고 살아야 한다면 아주 약한 술을 조금씩 마시는 습관으로 적응해보라. 그래야 그나마 오래도록 술자리에 같이할 수 있을 것이다.

꼭 많이 마셔야 기분이 좋아지는 것은 아니지 않은가? 과거에 내가 취했던 모습을 상상해보라! 마시지 않아도 취한 듯하지 않은가?

지금의 내 인생에서는 여기까지 마무리를 하고, 다음 생에서는 더 좋은 술로 기분 좋게 다시 시작하자.

수천 명이 나를 위해 매일같이 글을 쓴다

세상이 참 빠르게 발전을 한다. 삶에 편안함을 가져다주는 것들이 정신을 못 차릴 정도로 본인이 원하는 바와는 상관없이 나를 지속해서 압박해오고 있다. 하도 그 변화의 속도가 빠르고 복잡하다 보니 우리 같은 연령대의 사람들은 도저히 따라잡을 수 없을 정도다. 변화되는 모습에 정신을 잃을 것만 같다.

주변은 내가 원하건 원하지 않건 끊임없이 변화하고 있다. 특히 요즈음은 휴대전화도 어느 정도 시간이 지나면 나름 쓸 만한 데도 본의 아니게 교체를 하게 된다. 자꾸 신형이 나오다 보니 1~2년만 지나도 억지로 등 떠밀려 새로운 제품을 사게 되는 것이다. 신문물을 따라가

자니 솔직히 숨이 가쁘게 힘들어서 뒤뚱거리며 쫓아가고 있다. 때로는 그냥 쫓아가는 것을 포기하고 살까 하는 생각도 강하게 든다. 하지만 대부분이 생활에 밀접하게 연결이 되어 있어서 마냥 포기하고 절간에서 사는 것처럼 할 수도 없는 노릇이다. 아무튼 그로 인한 삶의 스트레스가 이만저만이 아니다.

그리고 기억해야 하는 비밀번호들은 왜 그렇게 많은지 모르겠다. 수첩에 차근차근 나름대로 정리해가고 있지만, 조금 시간이 지나면 또다시 비밀번호를 바꾸라는 통보가 온다. 그 대상이 한두 개가 아니고 수십 개를 그렇게 관리하다 보니 자칫하면 헷갈리고 너무 머리가 복잡하다. 그래도 어찌하겠는가? 머리가 더 맹해지기 전에 수첩에 차곡차곡 기록해나가는 수밖에.

또 내야 할 세금 종류도 많아서 정부 관련 인터넷 사이트도 관리를 잘해놓아야 한다. 자칫하면 세금폭탄이라도 맞을까 싶어서 걱정이 태산이다. 지금도 이런 변화를 따라가기 벅찬데, 앞으로 인공지능이다 뭐다 하면서 발전이 거듭된다면 과연 내가 감당할 수 있을까? 일단 따라갈 수 있을 때까지 열심히 따라가고는 있다. 정 아니다 싶으면 포기하고 더는 변화를 좇지 않고 현상 유지로 버티는 수밖에 없을 것이다.

다소 위안이라면 내가 좋아하는 책이 인쇄된 형태로 유지가 잘 되어가고 있다는 점이다. 물론 전자 쪽으로 흐르고는 있지만 그나마 다행스럽게 생각한다. 아마도 인간의 감정이 많이 개입되는 분야는 그 변화의 속도가 조금은 느리게 변하는 같다. 내가 어느 정도 늙기까지는 종이책으로 읽는 독서의 즐거움은 지속해서 누릴 수 있을 것 같아 기쁘다.

가끔 교보문고에 들러서 새로 나오는 책을 둘러본다. 하루에도 얼마나 많은 책이 쏟아져 나오는지 모르겠다. 그런데 이상하게도 그 책들을 바라보고 있으면 마음이 흐뭇해진다. 물론 나를 포함해서 독자에게 크게 흥미를 주지 못하고 바로 사라지는 책들이 수도 없이 많다. 그것도 피할 수 없는 현실이다. 하지만 책을 좋아하는 입장에서 넘쳐나는 책들을 보고 있으면 마냥 행복하다. 그나마 감사할 일이다. 그래서 최근에는 돋보기안경 하나 챙겨서 종종 교보문고를 찾는다. 그곳에서 이책 저책을 살펴보는 일이 나의 큰 즐거움이 되었다.

가끔은 중고서적을 판매하는 곳에 들르기도 한다. 방금 나온 새 책들도 좋지만, 연륜이 묻어나고 세월의 흔적이 느껴지는 책을 접하는 기분도 고향에 온 듯 푸근함을 준다.

여러 가지 감사할 일들이 많다. 그중 매일같이 수도 없이 쏟아지는 책들이 얼굴을 내미는 대형문고에 가서 몇 시간씩 푹 박혀서 시간을 보내는 일이다.

나는 서점을 지나게 될 때 특별히 바쁜 일이 없는 한 문을 열고 들어간다. 수많은 책과 데이트를 즐기는 행복한 시간을 갖는다. 오래 서점에 머무른다고 해도 누가 뭐라는 사람도 없다. 또 마음에 드는 책이 있으면 사서 나온다. 큰돈을 들이지 않고도 소소한 기쁨을 느낄 수 있는 일이다.

돋보기안경 하나만 가지고 있으면 매일같이 수천 명이 나를 위해 좋은 글을 보내준다. 생각하면 이보다 더 영광스럽고 행복한 삶이 어디 있으랴!

내려놓으면 행복하다

오래도록 죽지 않고 천수를 누릴 수 있다면, 나중을 위해서 이것저것 당장 크게 쓸모가 없더라도 일단은 가지고 있어야 한다. 그러나 기껏 살아봐야 100년도 못 살고 80만 넘으면 그냥 줘도 어찌하지 못하는 상황이 될 것이다. 하물며 올 때와 마찬가지로 저세상으로 갈 때도 땡전 한 푼 가져가지를 못할진대 죽기 살기로 긁어모아야 무슨 소용이 있겠는가?

나는 얼마 되지도 않은 재산을 관리한답시고 골머리가 아픈데, 돈 많고 재산 많은 사람은 얼마나 머리가 아플까? 많이 가져보지 않아서 잘은 모르겠다. 다만 나보다는 머리가 더욱 복잡할 것 같다. 또 매일 진수성찬을 먹는다 해도 배고픔에 라면 하나 끓여 먹는 기쁨과 별반 다르지 않을 것이다.

요즈음은 물건이 필요해서 사기보다는 마땅히 할 일이 없다 보니 이것저것 사다가 잔뜩 쌓아놓는다. 수납장마다 물건이 가득 차 있다. 수년 전에도 그랬고 앞으로도 단시간 내에 그리 긴요하게 써야 할 물건도 아닌 것들이 대부분 자리를 차지하고 있다. 정작 내가 살아가는데 필요한 물건들은 아마도 30%를 넘지 않을 거 같다.

그래도 물건이야 어디든 쌓아놓으면 된다. 나의 머릿속 깊숙이 가지고 있는 잡생각들은 내가 어디를 가든 무슨 행동을 하든 내 머릿속에 잠재되어 엄청난 짐이 되고 있다. 그런데도 크게 인식하지 못하고 무거운 삶을 자초하는 이들이 대부분인 듯하다.

옛날 진시황은 불로초를 구하기 위해 온 세상을 뒤지고 불로장생하려 했으나 결국 구하지 못하고 죽었다. 불로초는 이 세상에 없는 것이다. 같은 맥락으로 현대 사람들은 만병통치약을 찾는다. 그러나 사실 만병통치약도 없다고 보는 것이 옳다. 사실 주변과 심신을 잘 관리해서 지금 가지고 있는 무게를 반이라도 줄여보라. 아마도 자기가 가지고 있는 성인병 대부분은 깨끗하게 사라질 것이다.

만약 죽어서 저세상에 입학했을 때 "속세에서 재미있게 잘살았냐?"라고 염라대왕이 물어본다고 가정해보자. 당신은 염라대왕 앞에서 뭐라고 대답을 할까?

후회 없이 신나게 살다가 왔다고 할까? 혹 재산이 한없이 많고, 고관대작들은 만족했노라고 답을 할까? 아니면 스님으로 평생을 기도와 깨우침으로 살아오신 분들은 그래도 조금은 열심히 살아왔노라고 이야기하지 않을까? 여러 가지 경우의 수를 생각해보지만 나는 고개를 절레절레 흔든다.

대부분 사람이 불만에 대한 차이는 분명 있겠지만, 이 세상에서의 삶이 많은 후회와 아쉬움이 남을 것이다. 즐겁게 살아온 날들보다는 힘들고 고난스러웠던 것에 대해서 불평을 이야기할 것 같다.

스포츠 게임을 하듯 삼판양승이나 패자부활전이 있다면 어떻게 다시 잘해볼 수 있을 텐데 말이다. 아쉽게도 인생은 단 한 판으로 끝나버리니 솔직히 재미있게는 살지 못했노라고 이야기를 할 것 같다.

누구나 속 시원히 사이다 마시는 기분처럼 팍 터지는 멋진 삶을 살고 싶어 한다. 하지만 평생을 살아도 그처럼 속 시원하게 내가 하고 싶은 일들이 좀처럼 나에게 주어지지 않는 것이 삶이다.

자기가 하고 싶은 일을 하면서 살아야 행복하다는 이야기는 수도 없이 들어왔다. 나 또한 그렇게 살기 위해 끝없이 노력했지만 결과는 영 아니다.

이제야 깨닫게 되는 것은 자기가 하고 싶은 일만 하고 산다는 것은 오직 희망으로 그치는 일이다. 세상 구조가 내가 하고 싶은 일만 하고 살 수 없게 되어 있다. 아무리 그렇게 살고자 노력을 해도 현실화하기는 어렵다는 것을 늦게나마 깨우친 것도 큰 다행이기는 하다.

조물주께서 그리되지 못하도록 이 세상을 잘 꾸며놓으신 것도 참 잘한 일인 것 같다. 자신이 생각했던 일들이 이루어진다고 하더라도 막상 그 자리에 서 있게 되면 또다시 부족함과 지루함을 느끼게 될 것이다. 또 다른 무엇인가를 찾아서 목말라 하는 것이 인간의 심리인 것을 깨우쳐야 삶이 편안해지는 것 같다.

자신이 원하던 원하지 않던 기왕에 태어난 삶이니 재미있고 즐겁게 하고 싶은 일을 최대한 많이 하고 사는 것이 좋은 일인 것만은 틀림이 없다. 그러나 인생 전체가 늘 재미있고 즐거움이 연속되었으면 하고 바라는 것은 너무 안일한 생각이다.

가능하면 그런 삶을 살 수 있도록 노력을 기울이되 그런 삶이 실현되지 않는다고 해도 결코 실망하거나 낙담하지 말자.

다행히도 조물주께서 자기 하고 싶은 대로 살도록 만들어놓지는 않았다. 지금 돌아가는 세상을 쳐다보고 있으면 그나마 큰 다행인 것 같기도 하다. 결국 모든 걸 내려놓으면 행복하다고 생각한다.

싫어도 좋아도 내 인생

좀처럼 잔잔하게 가라앉지 않는 연못처럼 누군가가 계속 돌을 던지는 것 같다. 마음이 잔잔한 것과는 거리가 먼 불안한 생각이 든다고나 할까. 왜 늘 이렇게 들떠 있을 수밖에 없었을까? 예전이나 지금이나 이런저런 많은 일이 끊임없이 벌어져 왔던 것은 비슷하다. 그런데 지금은 스마트폰이 지구 구석구석의 자잘한 일들을 끊임없이 전달해준다. 내가 보고 싶지 않아도 수많은 관련 매체들이 나를 완전히 포위하고 있는 것이다.

더불어 지금은 코로나19라는 달갑지 않은 바이러스가 창궐하고 있다. 그동안 나쁜 일들은 겹쳐서 온다고 사스, 메르스 등 줄줄이 문제가 터져왔다. 글로벌 사회는 밀접하게 연관이 되어 있다. 한번 문제가 발생하면 연쇄적으로 주변국에 적잖은 영향을 주게 된다. 또 경제와 관련해서도 서로 밀접하게 연관이 되어 있다. 지금은 전 세계 어느 곳에 있는 물건도 인터넷을 통해서 얼마든지 구매할 수 있는 세상이다. 그러다 보니 조금만 안 좋은 상황이 발생되어도 그 영향을 피해갈 수 없는 공동운명체가 되어버린 것 같다. 이 어려운 판국에 바이러스까지 공동 운명을 하자고 설레발을 떨고 국민을 곤궁에 몰아넣고 있어서 마음이 아프다.

세상이 이러할수록 마음을 더욱 차분하게 가라앉히고 편안한 생활을 할 수 있도록 노력해야 한다. 별거 아닌 일에 온 신경을 집중하다 보면 결국은 내 몸에 스트레스로 누적이 될 것이다. 결국 몸의 상태가 부실해지는 악순환의 고리에 접어들면 답이 없다.

다른 사람의 도움으로 내가 좋은 환경에서 살아가기는 힘든 현실이다. 오직 나 자신이 스스로 해결을 할 수밖에 달리 도리가 없다. 스스로 마음을 달래고 가라앉혀서 담담하게, 그러려니 하면서 다독거리는 수밖에 없는 것이다.

이미 우리 속에는 자신도 모르는 사이에 온갖 스트레스 잡병이 너무 깊숙이 파고들어 앉아 있을지도 모를 일이다. 다시금 자기 자신을 되돌아보고 더는 이런 미로 속으로 빨려 들어가지 않도록 마음가짐을 단단히 해야 할 것 같다.

요즘 경기가 너무 안 좋아서 살기가 힘들다고 하는 분들이 대부분이다. 해외여행 중 사고가 난 소식을 듣다 보면 어느 나라건 한국 사람이 안 가는 곳이 없을 정도로 세계 구석구석을 잘도 다니는 것 같다. 가끔 평일 골프장에 가게 되면 내가 생각하는 것과는 전혀 다른 세계가 있다는 것도 알게 된다.

평일이라 해도 적잖은 비용을 지불해야 하는 서울 근교의 골프장들은 새벽부터 저녁까지 예약이 꽉 차 있다. 그 비싼 골프장 비용에도 한창 열심히 일해야 할 젊은이들로 넘쳐난다. 진정 이것이 내 나라 대한민국이 맞는지 의심이 들 정도다.

큰 평수도 아니고 아파트 한 채에 수십억씩 하는 집값 이야기를 들으면 기가 차서 말이 나오지를 않는다. 하긴 누구나 다 서울에 살 이유는 없다. 가격이 비싸면 돈이 있는 사람만 살면 되는 것이지 돈도 없는 사람들이 강남에서 기웃거릴 이유가 없기는 하다.

나도 돈이 많고 배경이 있는 집안에서 금수저로 태어났으면 좋았을 텐데. 평생 고생을 해도 신도시 아파트 하나 겨우 장만한 것이 고작이다. 별다른 인맥도 신통치 않아서 회사에서도 조기에 명퇴를 당했다. 사업을 하려 해도 크게 동원할 만한 주변도 변변치 않다. 결국은 투자해봐야 손실이 빤한 곳에 손을 댈 수밖에 없다. 이미 승패가 결정된 시합이 아니면 기회가 없으니 하늘만 쳐다보고 한탄을 할 수 밖에 달리 도리가 없다.

하지만 내가 태어난 세상이 이러하다 해도 이제 남은 삶이 그리 많지 않다. 남만 부러워하면서 슬픔에 젖어서 그냥 주저앉기에는 너무 허무하지 않겠는가?

많이 가지고 있으면 당연히 좋은 일들이 많고 좀 더 행복해질 기회도 많을 것이다. 그러나 저들 나름대로 또 다른 수많은 고통이 왜 없겠는가?

조금은 공평하지 않다 하더라고 너무 개의치 말고 주어진 것에 감사하면서 살자. 가진 것이 많지 않아도 나누어 가면서 세상을 살아간다면 이게 바로 진정한 행복한 세상이 아닐까?

이제는 진정 부유하게 살아가는 방법을 깨닫고 물질에 더는 시간을 낭비하지 말자. 주어진 것에 감사하고 봉사하면서 살아가는 것이야말로 진정한 행복한 인생이라고 생각한다.

어차피 싫든 좋든 내 인생이니 말이다.

돌격 앞으로!

대한민국 남자로 태어났다면 당연히 국가의 부름을 받고 군대를 다녀오는 것이 당연한 일이다. 짧지 않은 군 생활 동안의 습관들로 인해서 전체 삶에 영향을 끼치는 것은 생각보다 크다는 생각이 든다.

나 역시 마찬가지다. 친구들과 만나서 이야기하다 보면 은연중에 군대 이야기가 나오게 된다. 제대한 지 수십 년이 지났음에도 아직도 군대 이야기를 신나게 하는 것을 보면 그 당시 내가 받았던 영향이 가히 적지 않았음을 짐작하게 한다.

그러한 영향이 한몫해서 그런지, 아니면 남자라는 신체의 특성으로 인해서 그런지는 정확하지 않지만 분명한 것은 대한민국의 남자들이 조금은 막무가내의 성격을 가지고 있는 듯하다. "돌격 앞으로!" 라고 해야 할까? 평생 머뭇거림 없이 오직 앞으로 전진만을 외쳐오면서 절대 후퇴가 없는 삶을 살아왔다. 그러다 보니 이곳저곳 상처도 적잖은 것이 사실이다.

이제는 지나온 세월을 되돌아볼 줄도 아는 여유가 생겼다. 인생은 오직 대로만 있는 것이 아니고, 작고 예쁜 오솔길도 무수히 많다는 것을 깨닫는다. 또 대나무처럼 꼿꼿한 삶보다는 좀 더 부드럽고 여유가 있는 삶을 살아야 할 시기가 온 것이라고 생각한다.

지금까지 살아온 것을 죽을 때까지 가지고 가야 한다는 굳건한 의지도 좋다. 그러나 잠시 옆으로 벗어나 보고 내가 좋아하지 않던 취미도 관심을 가져보자. 남들이 좋아하는 것도 기웃거려 보자. 지금까지 내가 갇혀 있던 모습에서 이제는 조금씩 벗어나서 새로운 세상이 있다는 것도 인정하면서 삶을 살아가자. 그렇다면 지금보다 훨씬 여유가 있는 윤택한 삶이 다가올지도 모르겠다.

생소하지만 뮤지컬도 한번 다녀와 보고, 평소 흥미를 느끼지 못했던 강원도 화천의 산천어 축제에도 다녀오는 등 여유를 가졌으면 좋겠다. 또 늦었지만 악기도 하나 사서 배워 보자. 아내와 분위기 있는 술집에 들러서 소주 막걸리가 아닌 부드러운 포도주에 한 번 취해보는 것도 해보고 싶다.

처음에는 서먹서먹하겠지만 조금만 신경을 쓰게 되면 쉽게 접근할 수 있다. 내가 좋아하는 모임이 있다면 나이가 많다고 부담을 갖지 말고 과감하게 도전장을 내밀자. 예상하지 못했던 새로운 친구들과 멋진 경험을 할 수 있는 기회가 주어질 것이다. 이것이 축복이 아니고 무엇이겠는가?

내가 다니고 있는 테니스장에 연세가 80이 넘은 분이 매일 나오신다. 그분이 실력을 키우기 위해서 레슨을 받는 걸 보았다. 그 모습에서 나 자신의 안일함에 반성했던 적이 있다. 내 나이가 겨우 60을 갓 넘었으니, 그분이 보면 한창 젊은 햇병아리로 보일 나이다. 그런데 이것저것 머뭇거리는 모습을 본다면 얼마나 어리석어 보이겠는가.

나이 들어서 가장 무서운 적이 무기력이라고 한다. 당장 박차고 일어나자. 세상이 다 나를 위해서 존재한다는 생각을 하고 이것저것 가릴 것 없이 신나게 살아보자.

세상은 먼저 일어서는 자에게 우선권이 주어져 있으니 부지런하기만 하면 된다. 세상은 한 가지 길만 있는 것이 아니다. 이 길 저 길 경험해보지 않은 길들을 향해 다 같이 힘차게 달려보자.

돌격 앞으로!

오늘의 식사는 내일로 미루지 않으면서 오늘 할 일은 내일로 미루는 사람이 많다.

칼 힐티

변명 중에서도 가장 어리석고 못난 변명은 "시간이 없어서."라는 변명이다.

에디슨